스토리 시장경제 ❾

기업가로 다시 태어나기

스토리 시장경제 ❾

기업가로 다시 태어나기

초판 1쇄 인쇄 | 2015년 6월 24일
초판 1쇄 발행 | 2015년 7월 1일

지 은 이 | 최승노
발 행 인 | 김영희

기획·마케팅 | 신현숙, 권두리
정리·구성 | 강이든
편집 | 김민지
디자인 | 한동귀

발 행 처 | (주)에프케이아이미디어(프리이코노미스쿨)
등록번호 | 13-860
주　　소 | 150-881 서울특별시 영등포구 여의대로 24 FKI타워 44층
전　　화 | (출판콘텐츠팀) 02-3771-0434 / (영업팀) 02-3771-0245
팩　　스 | 02-3771-0138
홈페이지 | www.fkimedia.co.kr
E - mail | kmj9949@fkimedia.co.kr
I S B N | 978-89-6374-105-5　03320
정　　가 | 10,000원

이 도서의 국립중앙도서관 출판예정도서목록(CIP)은 서지정보유통지원시스템 홈페이지(http://seoji.nl.go.kr)와
국가자료공동목록시스템(http://www.nl.go.kr/kolisnet)에서 이용하실 수 있습니다.(CIP제어번호: CIP2015016805)

기업가로
다시 태어나기

새로운 시대로 이끄는 도전과 혁신의 기업가정신

최승노 지음

프리이코노미스쿨

일러두기

- 이 책에서 각종 인용 자료는 다음과 같이 표기하였다.
  단행본 『 』, 연구보고서 및 논문 「 」, 일간지 및 잡지 《 》, 음반·영화·방송프로그램 〈 〉, 신문기사 외 기타 인용문 " "

- 본문 중 인명, 기업명, 단체명 등 고유명사는 맨 처음 나올 때만 오른쪽 위첨자로 원문을 병기했다.

- 해외 원서는 국내에 번역출간된 경우 번역출간된 도서의 제목을 쓰고 괄호 안에 원문을 병기했고, 번역도서가 없는 경우 직역하고 원문을 병기했다.

:
:

중동의 허브로 불리는 두바이, 이제 전 세계 사람들이 주목하고 있다. 두바이를 활력 넘치는 경제의 중심지로 변화시킨 힘과 비결이 무엇일까? 두바이의 번영은 지도자인 셰이크 모하메드Mohammed bin Rashid Al Maktoum의 기업가적 비전과 추진력에 기인한다. 그에게는 다른 지도자에게서 찾아보기 어려운 독특한 국가 비전이 있는데, 바로 두바이를 세계의 중심으로 올려놓겠다는 포부다. 그는 두바이가 석유에 의존하지 않고 생존할 수 있는 방법을 찾고자 하였다. 이 같은 인식을 바탕으로 장기적인 비전을 구상했고 우리가 알고 있는 석유자원을 가지고 사치를 일삼는 다른 중동의 지도자들과는 다른 행보를 보였다. 이러한 점에서 그는 기업가정신으로 무장한 혁신의 지도자다.

"미래를 바꾸려고 시도하지 않으면 과거의 노예 상태로 머무르게 된다." 셰이크 모하메드의 말이다. 그는 최고가 되기 위해 노력하는 과정은 현세대뿐 아니라, 후손들에게까지 밝은 미래를 가져다줄 수 있다고 말한다. 그는 대외

정책과 개방정책, 실리를 강조하는 자본주의 등을 기본으로 하는 경영시스템을 선택했다. 반미, 반서방 감정에 사로잡혀 자본주의를 비판하는 상당수 아랍 지도자들과는 크게 다른 시각이다. 그는 "세계 최강국과 정면으로 맞선 나라 중에 성공한 나라가 없다"라고 주장하며 민족주의 이념보다는 국민과 국가가 우선한다고 당당히 주장한다. 그는 워커 홀릭workaholic으로 알려져 있으나, 개인적인 자리에서는 늘 겸손한 자세를 갖고 사람을 대하며 "실수할 수도 있다"고 하면서 독려하는 긍정적인 태도도 보여준다. 이런 셰이크 모하메드의 모습에서 유연하고 긍정적인 사고가 성공을 부르는 사고방식임을 알 수 있다.

우리나라는 어떨까? 우리나라 역시 '한강의 기적'이라 불리는 눈부신 경제성장을 이룩한 성공 국가다. 대한민국은 6·25전쟁으로 폐허가 되었고, 대부분의 사람들은 한국의 미래를 비관적으로 봤다. 하지만 박정희 대통령은 자본주의의 핵심인 개방화를 통해 산업화에 성공했다. 또한, 기업들이 경쟁을 통해 더 큰 기업으로 성장하도록 독려했다. 기업가들은 마음 놓고 경쟁에 뛰어들었으며 기업의 경쟁력을 키웠다. 대한민국 경제발전의 핵심 요소는 바로 '기업가정신'이다. 새로운 사업 기회를 찾아내 성공시킨 기업가들이 있었기에 우리나라는 글로벌 기업들을 여럿 가질 수 있었다. 기업의 경쟁력은 기업가정신에서 나온다. 우리나라가 세계 최빈국에서 선진국 대열에 합류하기까지 기업가정신은 중요한 역할을 수행했다.

"원하는 것을 얻고자 한다면, 성공의 고지에 서고 싶다면 포기하지 마라." 우리나라 최초의 여성 경영인인 장영신 회장의 말이다. 그녀는 애경 창업주인 고故 채몽인 사장과 결혼했으나 막내아들을 낳은 지 사흘만에 남편과 사별하게 되고, 흔들리는 회사를 그냥 둘 수 없어 경영에 뛰어들었다. 장영신 회장은 당시 자본금 16억 원, 매출액 49억 원의 회사를 35년 만에 계열사 18개, 매출 1조 8천억 원대의 대기업으로 성장시키는 성공신화를 창조했다. 장 회장은 기업경영을 시작할 당시만 해도 그저 평범한 30대 주부였고, 아무것도 모른다고 무시와 차별을 당하면서도 밑바닥부터 경영을 했다. 어려움을 극복해낸 장 회장은 마침내 훌륭한 기업가로 인정받고 있다. 최악의 상황에서 시작했지만 자신의 부족함을 알기에 그것을 채우기 위해 최선을 다했다고 말하는 그녀 역시 기업가정신으로 무장하여 오늘날의 애경이라는 대기업을 만든 성공한 기업가다.

이처럼 기업가정신은 성공하는 나라의 국가 지도자, 기업가에게 필요한 핵심요소이다. 하지만 요즘 우리나라에서 위기의 목소리가 들린다. 세계의 기업가정신 지수를 비교해보면 대한민국의 기업가정신 지수는 6.6으로 유사한 소득 수준의 나라들과 비교할 때 상당히 낮다. 2001년 12.3이었던 것과 비교하면 13년 만에 절반 수준으로 떨어진 것이다. 이처럼 한국의 기업가정신이 자취를 감추고 있는 현상은 매우 심각한 문제다. 우리나라의 미래가 밝지 않다는 뜻이기 때문이다.

그러나 우리에게 여전히 희망은 있다. 우리는 과거 성공한 경험이 있다. 전 세계에 모범이 되었던 기업가들의 위대함을 유산으로 가지고 있다. 경영학의 시조로 불리는 피터 드러커Peter Ferdinand Drucker는 "기업가정신 발휘에서 세계 최고는 역시 미국 아닙니까?" 라는 질문에 "그렇지 않아요. 세계 제일은 의문의 여지없이 한국입니다."라고 대답했다. 이제 다시 우리나라를 일으켰던 위대한 영웅들의 모습을 다시 본받아 창조적이고 혁신적인 기업가정신으로 무장하고 다시 일어설 때다.

『로마인 이야기』에서 시오노 나나미塩野七生는 지성에서는 그리스인보다 못하고 체력에서는 켈트인이나 게르만인보다 못하며 기술력에서는 에트루리아인보다 못하고 경제력에서는 카르타고인보다 뒤떨어지는 로마인이 어떻게 천년제국을 일으켜 경영할 수 있었는지를 묻고 있다. 앞으로 한참의 시간이 흐른 후 누군가가 '땅은 좁고 자원도 없으며 열강의 틈바구니에 끼인 대한민국이라는 나라가 어떻게 융성했나?'를 묻는다면, 그 답은 바로 '그들에게는 기업가정신이 있었다'라고 자신 있게 얘기할 수 있는 날이 다시 오도록 해야 할 것이다.

이 책은 스토리 시장경제 시리즈 가운데 하나다. 우리 사회에서 점차 위축되고 있는 기업가정신을 다시금 일깨울 수 있도록 기업가정신이 무엇이며 왜 필요한지에 대해 이야기한다. 독자들은 도전과 혁신을 발판 삼아 대한민국을 넘어 세계적으로 발돋움한 기업가들의 사례를 통해 기업가정신을 실생활에서 어떻게 적용해야 할지 생각해볼 수 있을 것이다. 기업가정신으로 무장해 성공의 길로 나아가길 바란다.

차례

•
•
•

제 1 장

세상을 움직이는 힘,
기업가정신

도전과 모험의 성공 조건

앨런 그린스펀과 소설 『아틀라스』

조선의 상인 임상옥이 보여준 기업가정신

창조적 파괴를 이끌어내는 기업가정신

사회적 변화를 이끄는 기업가와 기업가정신이야말로 '자본주의의 꽃'이다.

- 노벨 경제학상 수상자 슘페터 -

도전과 모험의 성공 조건

한순간의 선택으로 뒤바뀐 인생

농장에서 일하는 두 남자가 있다. 두 남자는 농장일이 지겨웠고, 새로운 인생을 살기 위해 농장을 떠나기로 결심했다.

"보스턴으로 가겠어. 보스턴에서 새 출발을 할 테야."

"난 뉴욕! 뉴욕은 잘사는 도시니까 여기보다 훨씬 살기 좋을 거야."

두 남자는 저마다 기대에 부풀어 기차역으로 향했다. 한 명은 보스턴행 기차표, 다른 한 명은 뉴욕행 기차표를 산 다음, 함께 기차 출발 시간을 기다렸다. 그러다 두 남자는 우연히 옆 사람의 이야기를 듣게 되었다.

"뉴욕 사람들은 인심이 사납기로 소문이 자자하더군. 글쎄, 길을 가르쳐주고도 돈을 받는다지 뭐야. 너무하지 않나? 쯧쯧, 그리고 보면 보스턴 사람들이 참 인정이 많아. 길거리 거지들도 굶지 않게 친절을 베풀어주니 말이야."

그 순간, 두 남자는 생각이 바뀌었다.

'뉴욕이 그렇게 인심 사나운 곳이라고? 안 되겠다. 보스턴으로 가야겠어. 보스턴으로 가면 설령 일자리를 구하지 못하더라도 굶어 죽지는 않겠지.'

'길을 알려주는 일로도 돈을 벌 수 있다고? 와, 정말 뉴욕은 대단한 도시야! 안 되겠다. 뉴욕으로 가야겠어. 뉴욕에 가면 무궁무진한 기회를 접할 수 있을 테니까!'

결국 두 남자는 서로 표를 맞바꾸었다. 보스턴으로 가려던 남자는 뉴욕으로, 뉴욕으로 가려던 남자는 보스턴으로 새로운 인생을 찾아 떠났다. 그리고 그 결과는 어떻게 되었을까?

보스턴으로 간 남자는 금방 보스턴의 생활에 적응했다. 비록 일자리를 쉽게 구하지는 못했지만, 보스턴 사람들이 워낙 적선을 잘해준 덕분에 동냥만으로도 충분히 생활할 수 있었다.

'일하지 않고도 먹고살 수 있다니 역시 보스턴으로 오기를 정말 잘했어!'

반면 뉴욕으로 간 남자는 처음에 꽤나 고생을 했다. 무궁무진한 기회의 도시, 뉴욕을 상상하며 들뜬 기분으로 뉴욕에 왔지만, 막상 도착하고 보니 뉴욕은 삭막한 콘크리트 도시였을 뿐이었다. 거리에는 수많은 사람들이 넘쳐나지만 누구 하나 다른 사람과 주변에 관심을 기울이지 않았다. 모두가 정신없이 바쁘게 스쳐 지나갈 뿐이었다. 남자는 낯선 도시에서의 생활이 너무 힘겨웠다. 일자리를 구하지 못한 채 아는 사람도 없는 대도시에서 보내는 하루하루는 더없이 외롭고 힘들었다. 그러다 보니 남자는 고향 생각이 간절해졌다. 고향의 하늘, 고향의 땅, 고향의 숲, 고향의 모든 것을 추억하다가 문득 한 가지 생각이 떠올랐다.

'가만, 여기 뉴욕에 사는 사람들이 모두 토박이는 아니잖아? 나처럼 다른 도시에서 온 사람도 많을 텐데… 그 사람들도 분명 지금 나처럼 고향을 그리워하지 않을까?'

남자는 무릎을 탁 쳤다.

"바로 이거야!"

남자는 곧바로 인근 공사장으로 향했고, 공사장에서 흙

과 나뭇잎을 긁어모아 왔다. 그리고 비닐에 담아서 예쁘게 포장한 다음 '화분흙'이라는 이름을 붙여 사람들에게 팔기 시작했다.

'아무리 뉴욕 사람들이 정이 없다고 해도 그들도 역시 사람인걸. 분명 콘크리트 도시 생활에 지친 만큼 흙에 대한 향수를 가지고 있을 거야.'

남자의 생각은 적중했다. 그간 꽃과 나무, 흙과 같은 자연을 쉽게 접할 수 없었던 뉴욕 사람들은 화분흙에 마음이 움직였다. 곧 남자의 화분흙은 대박 상품이 되었고, 남자는 꽤나 큰돈을 벌었다. 하지만 남자는 여기서 만족하지 않았다.

'아직 멀었어. 뉴욕에는 더 큰 기회가 있을 테니까.'

사실 남자는 화분흙을 파는 동안에도 늘 새로운 기회를 생각했다. 그러다 먼지가 수북하게 쌓인 가게 간판에 주목했다. 상당히 많은 가게들의 간판이 때와 먼지가 쌓인 채로 방치되고 있는 게 아닌가. 그도 그럴 것이 청소업체들이 건물만을 청소하고 간판은 청소하지 않았기 때문이다.

'간판은 가게의 얼굴이잖아? 분명 간판 청소의 수요가 있을 거야.'

남자는 곧 간판만을 전문적으로 청소해주는 사업을 시작했다. 그 결과는 대성공이었다. 남자가 설립한 간판 청소 대행업체는 승승장구하며 날이 갈수록 규모와 매출이 커졌다. 남자는 어느덧 직원 150명을 거느린 어엿한 기업의 사장이 되었고 다른 도시까지 사업을 확장하는 데 성공했다. 남자가 뉴욕에 처음 발을 디딘 지 불과 5년 만에 거둔 쾌거였다.

그러던 어느 날, 남자는 보스턴을 가게 됐다. 남자는 보스턴을 향해 가면서 지난날 농장에서 함께 일했던 남자를 떠올렸다.

'지금 그는 어떤 모습일까? 보스턴에서 잘 살고 있겠지?'

남자가 보스턴 기차역에 내렸을 때였다. 한 거지가 남자에게 다가와 구걸을 했다. 거지는 아주 형편없는 몰골을 하고 있었다. 낡고 헤진 옷은 때에 찌들었고, 몸에서는 악취가 풍겼다. 남자는 아무 생각 없이 지갑에서 돈을 꺼내 거지에게 내밀다가 그 자리에 얼어붙고 말았다.

"세상에! 다, 당신은!"

거지도 남자를 알아보고 얼굴 표정이 딱딱하게 굳었다. 그랬다. 그 거지는 바로 남자와 5년 전에 기차표를 맞

바꾼 남자였던 것이다!

인생은 선택의 연속이다. 누구나 인생의 갈림길에서 선택을 고민하고, 자신이 선택한 길을 따라 서로 다른 인생을 살게 된다. 앞서 이야기 속 두 기차표는 각기 다른 인생을 뜻한다. 기차표를 선택하는 것은 곧 인생에서 어떤 선택을 하느냐를 의미하며, 그 선택에 따라 스스로 어떤 노력을 하느냐에 각자 인생이 달라진다.

누군가는 부자로 살고 누군가는 거지로 사는 이유는 단순히 우리가 사는 세상이 불공평하기 때문이 아니다. 각자가 어떤 꿈을 꾸고, 어떤 선택을 하며, 어떤 노력을 했는지에 따른 결과인 것이다. 남들보다 특별하고 풍요로운 삶을 살고 싶은가? 그렇다면 결코 보스턴행 기차표를 선택한 남자처럼 현재에 안주해서는 안 된다. 뉴욕행 기차표를 선택한 남자처럼 과감한 모험과 새로운 도전을 두려워 말아야 한다.

모험과 혁명의 시대[1]

인류는 아주 오랫동안 세습적 신분 사회를 유지해왔

다. 불과 백여 년 전만 해도 사람들은 태어나면서 결정된 신분에 따라 살아야 했고, 타고난 신분에서 벗어나기란 하늘의 별 따기만큼이나 어려웠다. 그러나 자본주의 사회가 도래하면서 기나긴 인류 역사와 함께해온 신분제가 타파되기 시작했다. 자본주의 사회로 이행하며 그전까지는 소수의 권력자만이 독점했던 부를 수평적 경쟁으로 누구나 얻을 수 있게 된 덕분이었다. 자연히 신분적 불평등이 해소되면서 타고난 신분에 따라 차별받던 개인의 존엄이 평등하게 변화했다. 누구든 자기하기에 따라 얼마든지 부유해질 수 있는 사회에서는 타고난 신분이 아니라 개인의 역량과 노력이 더 중요하기 때문이다.

이처럼 자본주의는 신분제 사회를 무너뜨린 일종의 혁명이자 인류가 혁신에 혁신을 거듭하며 삶을 질적으로 향상시키도록 하는 성장 동력이다. 부를 창출하는 다양한 기회를 보장하며 자유로운 경제활동을 통해 더 나은 삶으로 변화시키는 가장 강력한 동기 부여, 그것이 곧 자본주의다.

자본주의를 이야기하면서 빼놓을 수 없는 요소가 바로 기업과 기업가다. 기업은 근로자를 고용하고 물건을 생산하는 경쟁의 주체, 기업가들은 새로운 시장과 산업을 창조하며 엄청난 사회적 발전을 이끄는 선도자이다. 노벨 경제학상 수상자인 슘페터Joseph Schumpeter는 사회적 변화를 이끄는 기업가와 기업가정신이야말로 '자본주의의 꽃'이라고 명명했다. 기업의 부가 단지 물질적 가치를 축적하는 것이 아니라 인류의 생활과 사회 전반에 지대한 영향을 끼쳤다고 보았기 때문이다.

실제로 새로운 산업이 생겨날 때마다 사람들의 삶은 획기적으로 나아졌다. 기업가와 기업이 창출한 부가가치와 파급 효과는 기업의 구성원을 넘어 사회 전체에 그 이익을 두루 누릴 수 있게 했다.

예를 들어 15~16세기 유럽의 폭발적인 성장을 이끌었던 대항해 시대를 생각해볼 수 있다. 당시 대항해 시대를 주도한 나라는 포르투갈이었다. 그 중심에 '항해 왕자'라 불리는 포르투갈의 엔히크Henrique 왕자가 있었다. 엔히크 왕자는 사그레스Sagres 성을 세우고 유능한 인재들을 모아 천문, 지리, 항해술, 조선술 자료 수집 및 연구에 아낌없이 투자했다. 그리고 탄탄한 지식을 토대로 아프리카 연안 탐사, 유럽 최초의 대서양 원정을 주도하며 포르투갈의 해외 식민지 개척 사업을 진두지휘했다.[2] 심지어 엔히크 왕자는 고귀한 왕가 혈통에도 불구하고 몸소 나서서 서해안을 따라 인도로 가는 항로를 탐험하기도 했다.

그 덕분에 포르투갈은 다른 유럽 국가보다 훨씬 빠르게 해상 주도권을 거머쥘 수 있었다. 수많은 젊은이들이 항로 개척에 뛰어들었고, 위험한 항해에 기꺼이 목숨을 바쳤다. 엔히크 왕자의 적극적인 항로 개척과 식민지 사업 전개가 수많은 젊은이들에게 새로운 비전을 선사해주었기 때문이다.

당시 포르투갈 국왕은 젊은이들이 올리는 탐험 계획서를 면밀히 검토하고, 도전과 모험의 가치가 있다고 판단되면 탐험에 필요한 자금과 선박을 기꺼이 내어주었다. 현대적인 개념으로 보자면, 탐험 계획서를 올린 탐험가는 벤처 기업가이고, 선박과 자금을 후원하는 국왕은 벤처 투자자이며, 탐험가가 이끄는 항해는 벤처 산업인 셈이다.[3]

오늘날 벤처 산업과 마찬가지로 당시 신항로 개척은 위험천만한 모험이었다. 자칫 목숨까지 잃을 수도 있는 일이었지만, 야망에 불타는 젊은이들은 너도나도 저마다의 비전을 품고 과감히 도전했다. 이들이 자발적으로 위험을 무릅쓰고 도전하게 만든 동기는 바로 탐험에 성공하고 돌아올 때에 주어지는 막대한 부와 명예였다.

이처럼 젊은 인재들의 모험과 도전정신을 한껏 북돋워 준 덕분에 포르투갈은 일찌감치 대항해 시대를 열었다. 여전히 농경사회에 머물러 있던 당시의 여타 유럽 국가들과 달리 해상무역과 식민지 개척을 통해 신산업을 발굴하고 국가의 성장 동력으로 삼았던 것이다. 그 결과, 포르투갈은 역사에 길이 빛나는 대항해 시대의 주인공으로서 영광을 누릴 수 있었다. 포르투갈의 번성을 이끌었던 젊은 인재들의 모험과 도전정신은 오늘날 기업가정신과 일맥상통한다. 아니, 기업가정신 그 자체이다.

혁신과 발전을 주도하는 기업가정신은 시대와 사회에 따라 끊임없이 다르게 발현된다. 그 시대와 사회가 요구하는 혁신과 발전이 다르기 때문이다. 이를테면, 자본주의 초기만 해도 많은 사람들이 근검절약으로 자본을 축적하여 부를 이룰 수 있었다. 그러나 현대 자본주의 사회에서는 산업이 발전하고 사회가 변화한 만큼 과거처럼 단순한 근검절약만으로는 큰 부를 이루는 데 한계가 있다. 특히 IT혁명 이후 지식 사회로 전환되면서 새로운 부를 창출하기 위해서는 새로운 투자가 이루어져야 했다. 이때 중요

한 것이 바로 혁신이다. 과거로부터 이어져오는 패러다임을 뒤집는 혁신이야말로 새로운 부를 창출하는 가장 확실한 방법이다.

우리가 사는 사회는 더 빠른 속도로 발전하고 있으며 예전보다 훨씬 많은 변화를 요구한다. 따라서 부자가 되고 싶은 꿈을 가지고 있다면 아무 생각 없이 다른 사람들처럼 흘러가는 대로 살아서는 안 된다. 자신만의 철학과 기업가 정신을 가지고 모험을 시작해야 한다. 그래야만 비로소 21세기 새로운 엔히크 왕자가 등장할 테고, 또다시 대항해 시대의 영광을 누릴 수 있으리라.

앨런 그린스펀과
소설 『아틀라스』[4]

자유와 자본주의

경제 관련 서적이나 기사를 보다 보면 '그린스펀 효과 Greenspan Effect[5]'란 용어를 종종 접하게 된다. 그린스펀 효과는 미국 연방준비제도 Fed, Federal Reserve System 이사회의 의장이었던 앨런 그린스펀 Alan Greenspan의 영향력을 지칭하는 용어다.

앨런 그린스펀은 1987년부터 2006년까지 네 차례 연임되며, 무려 20년 동안 미국 통화정책의 수장을 맡았다. 그린스펀에게는 '미국의 경제 대통령, 미국경제의 조타수, 통화정책의 신의 손' 등 화려한 수식어가 따라 붙는다. Fed의 의장으로 그린스펀을 처음 발탁한 사람은 로널드 레이건 Ronald Reagan 대통령이다. 그 뒤로 조지 H. W. 부시 George H.

W. Bush, 빌 클린턴Bill Clinton, 조지 W. 부시George W. Bush 대통령이 차례차례 그린스펀을 Fed의 의장으로 삼았고, 그러다 보니 그린스펀은 무려 네 번이나 연임되는 기록을 세웠다. 그린스펀이 미국경제의 수장을 20년 동안이나 할 수 있었던 까닭은 미국의 장기 호황을 이끌어내며 많은 사람들에게 절대적인 신뢰를 얻은 덕분이다.

알고 보면 그린스펀은 늦깎이 경제학자이다. 그린스펀은 젊은 시절 떠돌이 악사로 활동하며 동료들의 세금 문제를 조언해주는 등 평범한 일상을 보냈다. 실제로 그린스펀이 컬럼비아대학교에서 박사학위를 받은 때는 1977년으로, 당시 그의 나이 51세였다. 더욱 놀라운 사실은 미국뿐 아니라 세계경제를 움직인 그린스펀이 한때 소설가의 문하생이었다는 점이다. 심지어 그는 젊은 시절 한 소설가로부터 엄청난 영향을 받은 바 있다.

1950년대 그린스펀은 풋풋한 20대였다. 당시 그린스펀은 아인 랜드Ayn Rand의 뉴욕 친목회 일원이었다. 아인 랜드는 소설, 극작, 영화 등에서 두루 활동을 했으며 대하소설 『아틀라스Atlas shrugged』로 우리에게 잘 알려져 있다. 아인 랜드는 죽기 전까지 약 30년 동안 그린스펀의 친구이자 멘토,

정신적 스승이었다. 그린스펀은 아인 랜드를 만난 뒤로 자본주의의 도덕적 힘을 믿게 됐다고 말할 정도였다.

아인 랜드의 대표작 『아틀라스』는 자유의 의미와 자본주의를 다시 한 번 생각할 수 있도록 하는 작품이다. 평등주의가 만연한 사회에서 억압과 냉대를 받던 기업가 집단의 파업으로 엉망이 된 세계와 이를 타개하기 위해 새로운 질서를 찾아가는 이야기를 담고 있다. 생산 없는 분배와 발전 없는 평등주의가 지배하는 미래의 암울함이 독자에게 고스란히 전해진다. 또한 인간이 얼마나 집단적으로 몰락의 길로 갈 수 있는지를 소설 속에서 보여준다. 『아틀라스』에서 그려진 부패하고 무능한 정치가들이 차지한 권력, 만성적인 불황에 허덕이는 경제의 모습은 현재를 살아가는 우리에게도 경종을 울리기에 충분하다.

아인 랜드는 『아틀라스』를 통해 "가장 좋은 사회는 자신이 만든 가장 좋은 것을 다른 사람이 만든 가장 좋은 것과 거래하는 사회"라고 말한다. 러시아 볼셰비키 혁명이 일어나기까지 개인의 자유가 억압되는 모습을 직접 눈으로 보고 경험한 아인 랜드에게 자유는 목숨보다 중요한 가치였으리라.[6]

그린스펀은 아인 랜드와 소설『아틀라스』를 통해 경제가 심리를 비롯한 가치·태도·믿음과 다른 비이성적이고 예측 불가능한 요소들에 의해 좌우된다는 것을 배웠다. 그리고 아인 랜드가 있어 자신이 말도 안 되는 전망이나 내뱉는 은둔의 경제학자가 되지 않을 수 있었다고 말했다. 그만큼 아인 랜드와 그녀의 소설『아틀라스』는 그린스펀에게 큰 영향을 주었고, 그가 세계경제를 20년간 움직일 수 있게 한 원동력이 됐다. 실제로 그린스펀은 2006년 캐나다 캘거리의 초청 강연에서 이렇게 말했다.

"소설『아틀라스』는 도덕적 힘으로 성공적인 기업가를 서사적 영웅들로 그렸다."

미국인에게『아틀라스』는 성경 다음으로 많은 영향을 끼친 책이라고 한다. 출간된 지 많은 시간이 지났음에도 불구하고 많은 사람들이 아직도『아틀라스』를 읽는다. 특히 기업인, 전문직 종사자들은 진정한 기업가정신을 되살리기 위한 목적으로 읽는다고 한다.『아틀라스』가 전달하는 메시지는 분명하다.

'부를 창조하는 이여, 자긍심을 가져라.'

기업가정신을 통해 부를 창출하는 사람이 단순히 부를

가졌다는 이유만으로 비난을 받는다면, 그 또한 부당하고 불합리한 일이 아닐까? 기업가정신으로 무장한 이들이 사회가 풍요로워지고 발전하는 데 얼마나 큰 기여를 했는지는 새삼 강조할 필요가 없다. 그린스펀이 아인 랜드와『아틀라스』를 통해 얻은 깨달음도 크게 다르지 않으리라. 만약 우리 사회에서 기업가정신이 보장되지 않고 기업가들이 사라진다면 어떻게 될까? 정말 상상조차 하고 싶지 않다. 그 모습은 소설『아틀라스』에서 그려진 것만으로도 충분히 암울하다.

조선의 상인 임상옥이 보여준 기업가정신[7]

기지와 결단으로 이룬 부

조선 시대의 대표적인 상인을 이야기할 때 누구보다 먼저 떠오르는 이름이 바로 '임상옥'이다. 임상옥에게는 '거상巨商'이라는 수식어가 항상 따라붙는다. 조선 후기에 활동한 임상옥은 과연 어떤 상인이었기에 거상이라는 화려한 수식어와 함께 조선을 대표하는 상인으로 명성을 떨쳤을까?

임상옥은 주로 중국과 인삼을 거래하는 상인이었다. 당시 인삼은 중국과 조선의 주요 거래 상품으로 밀무역도 성행했다고 한다. 초기 인삼 거래는 대부분 산삼이었으나 산삼의 특성상 공급이 한정적이라 금방 재고가 바닥나버

리곤 했다. 그래서 개발된 것이 바로 '인삼 재배법'이다. 인삼 재배법은 인삼 사업을 지속적으로 유지하기 위한 노력의 결과물이었다.

인삼 재배법의 개발은 농민들에게는 농가 소득 증진, 인삼 상인에게는 사업 확대의 기회로 작용했다. 생산량이 일정하지 않던 산삼에 비해 인삼은 산삼 못지않게 품질이 뛰어나면서도 대량생산이 가능한 덕분이었다. 게다가 산삼보다 가격이 저렴한 인삼은 장사하기도 훨씬 좋았다.

그러나 인삼 재배법의 혁신에도 불구하고 조선 상인들의 인삼 사업에 또다시 적신호가 켜졌다. 이유는 '백삼'의 독성 때문이었다. 백삼이란 약간 말린 인삼을 말한다. 당시 인삼은 백삼으로 판매되었는데, 백삼에 독성이 있다는 소문이 퍼지면서 수요가 급감하고 조선 상인의 수익도 형편없이 추락하고야 말았다. 자칫 잘못했다가는 조선의 인삼 사업이 몰락할 위기에 처한 것이다.

이때 인삼 사업의 구세주로 등장한 것이 바로 '홍삼'이었다. 인삼을 쪄서 만드는 홍삼은 독성이 없으면서도 맛이 좋고 오랫동안 보관이 가능해서 인기가 좋았다. 정조 말엽부터는 홍삼이 주요 수출 품목이 될 정도였다.

이 시기에 활동했던 임상옥 역시 홍삼을 주로 팔았다. 임상옥은 홍삼 수십 근을 짊어지고 중국으로 향하는 사신을 따라 연경(현재 중국의 북경)으로 향했다. 결코 쉬운 길은 아니었다. 웃돈을 얹어주고 간신히 사신 행렬에 낄 수 있었는데, 사신들의 짐을 대신 짊어주기도 하고 잡일도 해주어야 했다. 물론 경비도 조달해주어야 했다. 어째서 그는 이렇게 번거롭게 장사를 해야 했을까?

그 이유는 당시 조선의 상황에 기인한다. 임상옥이 활동하던 시기, 조선은 상인들이 활동하기에 최악의 환경을 가지고 있었다. 웬만한 품목은 모두 거래가 금지되어 있는 데다 다른 나라와의 무역도 대부분 불법이었다. 다시 말해 중국에서 물품을 내다 파는 것은 물론 중국에서 물품을 구입해 들여오는 일 역시 대부분 불법이었다. 할 수 없이 상인들은 사신 행렬에 끼어 밀수를 했는데, 그중 하나가 바로 임상옥이었다.

상인들은 불법인 것을 알면서도 밀수를 포기하지 않았다. 조선의 홍삼은 워낙 품질과 효능이 좋아서 중국에서 인기가 높았다. 중국 사람들은 조선의 홍삼을 마치 만병통치약처럼 여기고 기꺼이 비싼 값을 치르고 샀다. 반대로 조선의 왕족이나 양반은 중국의 비단, 모피, 가구, 책, 도자기 등을 좋아했다. 따라서 상인들에게 중국과의 거래는 아주 매력적일 수밖에 없었다. 위험을 무릅쓰더라도 중국으로 향할 만한 가치가 충분했기에 많은 상인들이 홍삼 무역을 포기하지 않았던 것이다. 임상옥 역시 마찬가지였다.

단, 중국과의 홍삼 거래에는 한 가지 문제가 있었다. 바로 가격이었다. 중국 상인들은 조선 상인들이 가져온 홍삼을 아주 싼 가격에 사들였다. 그들은 조선 상인들의 홍삼 거래가 대부분 불법이며, 홍삼을 힘들게 들고 온 만큼 반드시 팔고 돌아가야 한다는 사실을 잘 알고 있었다. 그래서 홍삼 가격을 터무니없이 낮게 책정하여 상당한 이익을 취하곤 했다.

이러한 중국 상인들의 횡포에 반기를 든 사람이 임상옥이다. 임상옥은 홍삼 거래 가격을 정상화시켜 중국 상인들의 횡포에 시름시름 죽어가는 조선의 홍삼 산업을 되살리기로 마음먹었다. 최인호의 소설 『상도』에는 임상옥이 중국에 갔을 당시 홍삼 가격을 흥정한 일화가 실려 있다.

임상옥은 중국 상인들이 홍삼 가격을 지나치게 낮게 거래하는 관행을 깨기 위해 이전보다 무려 두 배나 높은 가격을 제시했다. 그러자 중국 상인들은 기겁하며 이전 가격이 아니라면 홍삼을 사지 않겠다고 으름장을 놓았다. 임상옥 역시 제대로 값을 쳐주지 않으면 홍삼을 팔지 않겠다고 맞섰다. 중국 상인들과 임상옥의 팽팽한 기싸움은 좀처럼 쉽게 결판이 나지 않았다.

중국 상인들은 자신들이 원하는 가격으로 홍삼을 구매하지 못하자 곧 안달이 났다. 임상옥 역시 배짱 좋게 호기를 부렸지만 초조하기는 마찬가지였다. 그때 마침 추사 김정희 선생이 북경을 방문한다는 소식이 들렸다. 임상옥은 부리나케 김정희 선생을 찾아가 자신이 처한 상황을 상세히 설명하고 조언을 구했다. 그러자 김정희 선생은 임상옥에게 다음과 같은 글을 써주었다.

百尺竿頭 進一步(백척간두 진일보)

'백척간두'는 아주 높은 대나무 끝에 간신히 서 있는 것처럼 매우 위태롭고 어려운 지경을 말한다. '진일보'는 한 발을 내딛으라는 뜻이다. 다시 말해, 두려움을 무릅쓰고 목숨을 걸면 비로소 살길이 보일 것이란 의미이다. 임상옥은

이 글귀를 보고 김정희 선생에게 큰 절을 세 번하고서 자신의 숙소로 향했다. 이후 임상옥이 어떤 행동을 했을까?

놀랍게도 다음 날, 임상옥은 자신의 머슴들에게 조선에서 가져온 홍삼의 일부를 마당에서 불태우라고 지시했다. 머슴들은 어리둥절해하면서도 시키는 대로 홍삼을 태웠고, 곧 온 동네에 홍삼 타는 냄새가 진동했다. 홍삼이 불에 타고 있다는 소식은 중국 상인들에게도 전해졌다. 중국 상인들은 소스라치게 놀라며 헐레벌떡 임상옥에게 달려왔다. 그도 그럴 것이 조선 홍삼을 구할 수 있는 기회가 어디 그리 쉽게 생기는 일인가! 1년에 한두 번 조선의 사신단이

올 때라야 겨우 조선 홍삼을 구매할 수 있는데, 이 기회를 놓치면 중국 상인들은 큰 손해를 볼 것이 뻔했다. 결국 중국 상인들은 울며 겨자 먹기로 임상옥이 부른 가격대로 값을 지불하고 임상옥의 홍삼을 모두 구매했다. 임상옥의 배포 덕분에 중국 상인과의 홍삼 거래 관행은 변할 수 있었고, 그 뒤로 홍삼 상인들은 한결 가벼운 발걸음으로 중국을 오가게 되었다.

임상옥의 일화는 기업가의 자세를 다시 한 번 생각해보게 한다. 당시는 농본주의 사회였다. 상인이 천대받던 시대로, 결코 상업 활동을 하기에 좋은 환경은 아니었다. 하지만 임상옥은 시대와 사회를 탓하며 지레 포기하기보다는 자신의 상황에 맞춰서 목표한 바를 이루어냈다. 그리고 차후 인삼 산업에 엄청난 영향을 끼치며, 수많은 인삼 농가와 상인들의 수익 증대에 이바지했다. 다시 말해 한 상인의 기지와 결단이 결과적으로 조선에 더욱 큰 부를 가져다준 셈이다.

임상옥이 거상이라 불릴 만큼 어마어마한 부를 축적할 수 있던 까닭이 바로 여기에 있다. 수많은 인삼 농가와 상인, 나아가 조선 경제를 이롭게 한 대가이자 보상으로서 임상옥은 조선 최고의 거상이라는 명성을 거머쥘 수 있었던 것이다.

'사농공상士農工商'이라 하여 상인이 가장 천대받던 시대에 거상으로 존경받던 임상옥! 만약 임상옥이 지금 시대에 태어났다면 무역업을 운영하는 기업인이었으리라. 그리고 중국 상인들과 터무니없이 낮은 가격으로 거래해온 관행을 뜯어고친 임상옥의 배포는 위기상황을 타파하여 새로운 기회를 여는 기업가정신 그 자체다. 이처럼 기업가정신은 단순한 경영 마인드를 의미하지 않는다. 어려움에 맞서 새로운 가치를 창출하고자 도전하고 노력하는 기업가의 실천적 혁신을 의미한다.

창조적 파괴를 이끌어내는 기업가정신

혁신적 발전의 밑바탕

'창조적 파괴creative destruction'라는 말을 들어본 적 있는 가? 창조적 파괴는 시장경제의 근간이 되는 기업가정신을 통해 시장질서가 끊임없이 탈바꿈하는 과정을 의미한다. 다시 말해 기업가의 혁신적인 도전과 노력으로 기존의 제품, 생산과정, 시장관행과 구조가 파괴되고 새로운 패러다임으로 재편되는 현상이다. 그렇기에 창조적 파괴는 기술혁신이 일어나고 신시장이 창출되며 경제도 발전한다는 시장경제의 기본원리를 말하기도 한다.[8]

'창조적 파괴'를 처음 이야기한 사람은 슘페터다. 슘페터가 자신의 저서 『자본주의, 사회주의 그리고 민주주의

Capitalism, Socialism, and Democracy』에서 창조적 파괴를 처음 거론한 이후, 창조적 파괴는 20세기는 물론이고 21세기에도 가장 강력한 경제 키워드로 작용하고 있다.

이는 오늘날 세계경제가 창조적 파괴를 이끌어내는 기업가정신의 각축장이기 때문이다. 기업가정신은 'entrepreneurship'로 표기한다. 'entrepreneur'는 '시도하다, 모험하다'를 뜻하는 프랑스어 'entreprendre'에서 유래되었다. 어원에서도 확인할 수 있듯 기업가정신에서 '도전'은 결코 빠질 수 없다. 다시금 기업가정신을 정의하자면, '위험과 불확실성을 무릅쓰고 이윤을 추구하고자 하는 기업가의 모험적이고 창의적인 정신'이다. 그렇기에 기업가정신은 지속적으로 경제를 발전시키고 기술을 진보시키는 원동력이다. 쉽게 말해 이 세상을 움직이는 힘이 곧 기업가정신이다.[9]

슘페터는 기업가를 '새로운 조합의 수행을 통해 시장 내에서 변화를 실행하는 혁신가'로 보았다. 그리고 기업가정신을 '기술혁신을 통해 창조적 파괴에 앞장서는 기업가의 노력 및 의욕'으로 정의했다. 슘페터가 생각한 기술혁신은 신제품 개발, 새로운 생산 방식 도입, 신기술 개발, 새로운 시장 개척, 신원재료나 부품의 새로운 공급, 새로운 조직 시도 등이 포함된다. 결국 기업가란 혁신가로서 새로운 방식을 통해 이윤 창출의 기회를 만들어내는 사람이라 할 수 있다. 그리고 이윤은 창조적 파괴 행위를 성공적으로 이끈 기업가의 혁신에 주어지는 정당한 대가다.

그렇다고 혁신의 대가가 영원한 것은 아니다. 한 기업가의 혁신은 곧바로 사회에 퍼져서 이윤 또한 사회 전체로 분산되기 때문이다. 이와 같은 창조적 파괴가 주기적으로 이어지면서 경기가 순환되고 사회 전체의 부가 증가하며 경제발전이 이루어진다.

슘페터가 주장한 창조적 파괴와 기업가정신은 많은 사람에게 열렬한 지지를 받았다. 그리고 슘페터 이후 많은 경제학자가 기업가정신에 주목했는데, 현대경영학의 거장 혹은 아버지로 불리는 피터 드러커는 기업가정신을 '위험을 무릅쓰고 포착한 기회를 사업화하려는 모험과 도전의 정신'이라 말했다. 특히 피터 드러커는 기업가정신과 혁신을 별개로 생각하지 않았다. 오히려 기업가정신을 기업에 국한시키지 않고 사회 전체에 적용되는 개념으로 보았다. 대기업은 물론 중소기업, 공공기관 그리고 개인까지, 즉 사회의 모든 구성원이 기업가정신을 지녀야 한다고 주장했다. 궁극적으로 기업가정신은 자기 혁신의 바탕이 되기 때문이다. 따라서 피터 드러커는 사회 전체가 기업가정신을 바탕으로 끊임없는 혁신을 추구할 때 비로소 사회가 진보할 수 있다고 믿었다.

기업가정신은 성공하는 사회의 힘

비단 슘페터와 드러커만이 아니다. 수많은 학자들이 기업가정신을 이야기하고 연구했다. 기업가에 대한 창업 연구와 교육으로 유명한 뱁슨대학의 제프리 티몬스Jeffrey Timmons 교수는 "기업가정신은 아무것도 아닌 것에서 가치 있는 것을 이뤄내는 창조적인 행동"이라고 말한다. 기업가정신의 목적은 단순히 돈을 버는 것이 아니라 새로운 사업 기회를 가치 창출로 만들어내는 데 있다는 의미다. 같은 대학의 론스타드Robert C. Ronstadt 교수는 "기업가정신은 스스로 사업을 일으키고, 이를 자신의 인생에서 가장 즐거운 일로 여기는 것"이라고 말했다. 워싱턴 대학의 칼 베스퍼Karl

Vesper 교수는 '다른 사람이 발견하지 못한 기회를 찾아내는 사람, 사회의 상식이나 권위에 사로잡히지 않고 새로운 사업을 추진할 수 있는 사람, 행복을 추구하는 사람이야말로 기업가'라고 정의했다. 또한 베스퍼 교수는 기업가를 가리켜 무엇을 행복으로 여길지 풀어내는 사람이라 생각했다.

이처럼 여러 경제학자들이 주장하는 기업가정신의 정의는 미묘하게 차이가 난다. 하지만 분명한 공통점은 존재한다. 혁신, 불확실성 혹은 위험에 대한 감수, 시장에서의 새로운 기회를 포착하고 활용하는 것이 기업가정신의 주요 특성이다. 결국 기업가정신은 미지의 영역에 대한 두려움을 이겨내고 용감하게 도전하는 정신이라 볼 수 있다.

기업가정신의 발현은 사회에 엄청난 파급 효과를 불러일으킨다. 기업가정신을 통한 혁신의 영향력이 특정 산업에 머무를 수도 있다. 하지만 영향력이 사회 전체로 번져나갈 경우, 우리는 패러다임이 변화하고 트렌드가 새롭게 형성되는 것을 경험할 수 있다. 애플Apple의 창업자인 스티브 잡스Steve Jobs가 만들어낸 스마트 기기 '아이팟iPod'과 '아이폰iPhone'은 세계 IT 산업의 판도를 바꿔놓았을 뿐만 아니라 우리 삶의 방식마저 근본적으로 변화시켰다. 이제 우리는 언제 어디서나 원하는 정보를 편리하게 검색할 수 있고, 지구촌 곳곳의 불특정 다수와 실시간으로 자유롭게 소통할 수 있다. 이는 불과 십여 년 전만 해도 상상할 수 없었던 일이었다!

사실 우리는 지금까지 혁신에 따른 창조적 파괴를 수없이 경험하며 살아왔다. 현재 우리가 누리는 편리하고 풍요로운 첨단 문명의 혜택은 그동안 혁신적인 기업가들의 기업가정신이 발현된 수많은 창조적 파괴의 결과물이 쌓이고 쌓여서 이루어낸 성과이다.[10] 그리고 참으로 감사하게도 시장경제는 우리에게 누구나 혁신적인 아이디어와 용기 있는 도전정신, 실천적 의지만 갖고 있다면 위대한 기업가가 될 수 있는 기회를 보장한다. 앞서 창조적 파괴를 수행했던 기업가처럼 우리 모두는 얼마든지 기업가정신으로 혁신을 일으킬 수 있다. 그리고 기업가정신은 우리의 삶을 보다 나은 방향, 더 좋은 곳으로 이끌어주리라.

제 2 장

도전과 변화의 중심에 기업가가 있다

기업가정신은 경제성장의 원동력

변화를 두려워하지 않는 기업가정신

시대의 새로운 흐름을 이끄는 기업가

"무슨 일이든 할 수 있다고 생각하는 사람이 해내는 법이다.
의심하면 의심하는 만큼밖에 하지 못하고,
할 수 없다고 생각하면 할 수 없는 것이다."

- 고故 정주영 현대그룹 회장 -

기업가정신은
경제성장의 원동력

기업가정신으로 무장한 산업 영웅

"이봐, 해봤어?"[11]

고故 정주영 현대그룹 회장이 어려운 일을 앞에 놓고 시도하기를 주저하는 회사 간부들을 질책하고 독려하기 위해 했던 말이다. 짧고도 굵은 이 말 한 마디에는 정주영 회장의 불굴의 도전정신이 고스란히 녹아 있다.

1971년, 정주영 회장이 울산 미포만에 세계에서 가장 큰 조선소를 세우겠다고 발표했을 때에도 마찬가지였다. 배를 건조하는 일은 최첨단 기술을 필요로 하는 기술집약형 산업이다. 그런데 일본처럼 경제 대국도 아닌, 이제 막 산업국으로 걸음마를 뗀 한국에서 돈, 기술, 경험, 명성 그 무엇 하나 없이 다짜고짜 배를 만들겠다는 정 회장의 말이 허세로 들리는 것은 당연할 법도 했다.

하지만 정주영 회장은 해보지도 않고 불가능하다고 단정지어 버리는 사람들에게 딱 한 마디, "이봐, 해봤어?"라는 말로 일갈했다. 그리고 정말 자신이 말한 대로 세계에서 가장 큰 조선소를 짓는 데 성공했다. 이 과정에서 정주영 회장이 거북선이 그려진 500원짜리 지폐로 영국은행에게서 자금을 조달받은 일화는 저돌적인 기업가정신을 나타내는 본보기가 되었고, 지금까지도 변함없이 존경받고 있다. 만일 정주영 회장에게 미지의 세계를 겁내지 않고 용기 있게 도전하고, 굳은 의지와 열정으로 실현해내는 불굴의 기업가정신이 없었더라면? 오늘날 세계 최강을 자랑하는 우리나라 조선업은 존재하지 않았으리라.

정주영 회장은 모두가 불가능하다고 말하는 일을 결코 불가능하다고 생각하지 않았다. 늘 참신하고도 창의적인 발상으로 위기를 돌파하고 성공을 거머쥐었다.

일례로 주베일Jubayl 항만공사의 철골 구조물 설치 공사가 있다. 1975년, 사우디 주베일에는 20세기 최대의 공사라 불리는 '주베일 항만공사'가 진행됐다. 주베일 항만공사는 공사금액만 무려 9억 3천만 달러에 달했다. 이는 1970년대 우리나라 외환보유액의 약 31%에 해당하는 어마어마한 금액이었다. 이 엄청난 대공사를 수주한 기업은 정주영 회장이 이끄는 현대건설이었다.

당시 주베일 항만공사에서 최대의 난코스는 철골 구조물 설치 작업이었다. 10만 톤에 육박하는 철골 구조물을 바다에 설치하는 작업이다 보니 잠수정을 비롯한 고가의 장비와 고도의 기술이 필요했다. 설사 장비와 기술이 있다고 해도 쉽지 않은 작업이었다. 하지만 정주영 회장은 모두의 상식을 깨버리는 결단을 내렸다. 기존 방식대로 바닷속에 들어가서 구조물을 만들어가며 설치하는 것이 아니라, 육지에서 완성한 구조물을 바다에 세우겠다는 계획이었다. 정주영 회장의 발상은 파격 그 자체였다. 모두가 고개를 절레절레 저으며 어이없어했다. 하지만 정주영 회장은 실패하면 돈을 받지 않겠다는 자신감을 보이며 작업을 강행했다.

실제로 현대건설은 울산에서 375m짜리 철골 구조물을 만든 다음, 태평양을 건너 미국 산타바바라 앞바다까지 운반한 적이 있었다. 그리고 정확한 위치에 구조물을 설치하는 데 성공했다. 상식을 깨뜨린 파격이 단숨에 신공법이 되

는 역사적인 순간이었다.

이처럼 정주영 회장의 진두지휘 아래 주베일 항만공사를 성공리에 수행한 현대는 오늘날 굴지의 대기업으로 탄생할 수 있었다. 정주영 회장은 고정관념의 탈피, 불가능은 없다는 도전정신, 신용을 목숨처럼 여기는 신념으로 유명했다. 이는 산업 영웅으로서 정주영 회장이 보여준 1세대 기업가정신이다. 정주영 회장은 다음과 같이 말했다.

"무슨 일이든 할 수 있다고 생각하는 사람이 해내는 법이다. 의심하면 의심하는 만큼밖에 하지 못하고, 할 수 없다고 생각하면 할 수 없는 것이다."

지난 시절, 한국이 세계 최빈민국으로서의 굴욕을 떨치고 눈부신 경제성장을 이룰 수 있던 배경에는 정주영 회장과 같은 1세대 기업가들이 거침없이 뿜어내던 불굴의 기업가정신이 있었다.[12]

철인鐵人의 기업가정신이 일군 철강강국

우리나라 경제발전사에는 '할 수 있다'는 자신감과 과

감한 도전정신으로 성공 신화를 쓴 경제발전의 주역들이 수없이 많다. 철인 박태준 포항제철 회장도 그 가운데 한 명이다. 포스코는 조선, 자동차, 가전, 기계, 건설 산업 등에 꼭 필요한 철을 만드는 우리나라 대표 철강기업이다. 철강 산업은 우리나라 산업의 토대가 되는 기간산업이며, 전후방 연관효과가 매우 큰 핵심 산업이라고 할 수 있다.

포스코의 전신인 포항제철이 세워질 무렵, 우리나라는 제련 기술은커녕 철광석, 역청탄과 같은 천연자원도, 전문 기술자도 없었다. 있는 것이라고는 기껏해야 조그만 오천 지방의 소금기를 머금은 모래밭인 포항과 영일만뿐이었다. 바로 이곳에 박태준 회장은 모진 가난으로부터 우리나라를 구할 '사업의 쌀', 철을 생산해내는 제철소를 세웠다. 당시로서는 대단한 모험이었다. 아무도 박태준 회장의 포항제철이 성공하리라고 생각하지 못했다. 서구 경제학자들은 한국이 철강 산업을 할 수 있는 여건을 갖추지 못한 것을 들며 포항제철 건설에 부정적인 의견을 내놓아 차관 도입을 무산시키기까지 했다.

그런데 결국 어떻게 되었는가? 박태준 회장은 누가 뭐라고 하든 신념을 꺾지 않았다. 그리고 마침내 아무것도 없는 땅에 포항제철을 세웠다. 과연 무에서 유를 창조했다고 표현할 만큼 경이로운 성과였다.

1986년 박태준 회장이 세계철강협회 총회에 참석하기 위해 방문했던 런던에서 18년 전 한국 철강공장 건설에 부정적 의견을 표했던 전 세계은행 심사관 자페J. Jaffe를 만났다. 지금도 그때의 의견이 옳다고 생각하느냐는 박태준 회장의 물음에 그는 이렇게 말했다.

"여전히 제 의견은 같습니다. 하지만 저는 박태준이라는 사람의 존재를 간과했습니다."

뛰어난 기업가가 있었기에 대한민국의 철강 산업이 성공할 수 있었다는 말이다. 이처럼 기업가정신으로 무장한 기업가는 국가경제 발전에 더없이 소중한 자산이 된다. 박태준 회장의 가공무역 아이디어는 포항제철의 건설로, 포항제철의 가동은 국내 자원이 빈약한 우리 경제를 선진국 반열에 올려놓는 동력으로 이어지며 대박 신화를 썼다.

물론 포항제철의 성공에는 박태준 회장만이 아니라 당시 박정희 대통령의 전폭적인 지원도 큰 기여를 했다. 박정희 대통령은 국가의 발전과 혁신을 이끈 정치인으로서 기업가정신을 발휘한 대표적인 인물이다. 보호정책보다는 경쟁정책을 장려했고, 새로운 분야에 도전하고 혁신을 이루려는 기업을 적극적으로 지원함으로써 굴지의 대기업을 키워냈다. 포항제철도 마찬가지였다. 박태준 회장은 당시 박정희 대통령의 후원에 힘입어 외부압력이나 권력의 간섭에서 벗어나 오직 철강입국鐵鋼立國만을 위해 매진할 수 있었다. 그리고 그 덕분에 포항제철을 세계 굴지의 대기업으로 성공시켰다. 결국 포항제철은 한국의 근대화 과정에서 박태준 회장과 박정희 대통령, 두 영웅의 '잘사는 나라'를 만들기 위한 합작품인 셈이다.[13]

앞서 살펴보았듯, 우리나라의 경제성장에는 기업가정신으로 무장한 산업 영웅들의 활약이 있었다. 변화를 두려워하지 않고 끊임없이 도전하고, 새로운 모험을 시도하며, 큰 비전을 품고 달려가는 열정과 실천 의지로 똘똘 뭉친 기업가정신이 있었기에 오늘날 우리가 풍요로운 시대를 살아갈 수 있는 것이다. 그리고 이제는 새로운 기업가정신으로 무장한 신세대 기업가들이 활약하고 있다. 신세대 기업가들이 더 큰 성과를 거둘 수 있도록 그들의 기업가정신을 아낌없이 격려해야 할 것이다.

변화를 두려워하지 않는
기업가정신

변화와 혁신이 만든 새로운 변화

한 광고 속에서 훤칠하고 잘생긴 남성이 수많은 좌중 앞에서 프레젠테이션을 진행한다. 남성은 유창한 영어와 자신감 넘치는 태도로 논리 정연하게 설명해나가며 좌중을 압도한다. 그리고 맨 마지막 화면을 채우는 문구는 이 광고의 화룡점정을 찍는다.

"금융을 바꾸다"

이 광고는 2000년대 중반 현대카드/현대캐피탈에서 선보인 TV 광고 시리즈 중 한 편이다. 당시 현대카드/현대캐피탈은 '금융을 바꾸다'를 카피로 내세운 TV 광고 시리즈를 제작해 내보냈고, 해당 광고모델은 연기자가 아니라 박세훈 現 한화갤러리아 대표가 직접 맡았다. 실제로 박세훈은 유창한 영어와 탁월한 프레젠테이션 실력으로 국내외 관계자들을 감탄하게 만드는 프레젠테이션의 귀재다. 당시 현대캐피탈의 마케팅 본부장이었던 박세훈은 직접 광고모델로서 새로운 도전에 대한 의지를 생생한 프레젠테이션 현장 속에서 설득력 있게 펼쳐냈다. 박세훈이 내세운 도전 의지가 압축된 단 한 마디, 그것이 바로 대표 카피 "금융을 바꾸다"이다.

재미있는 사실은 박세훈이 자신이 출연한 광고의 "금융을 바꾸다"라는 카피처럼 일반적인 사회 통념을 뒤엎는 데 성공한 기업가라는 점이다. 지난 2012년 박세훈은 2012년 한화갤러리아의 대표이사로 선임되었다. 많은 사람의 이목을 집중시킨 파격적인 인사人事였다. 당시 그의 나이는 고작 45세, 게다가 현대카드에서 한화그룹의 전무로 영입된 지 불과 한 달 만이었기 때문이다. 오너 일가도 아닌 박세훈이 40대의 젊은 나이에 한화갤러리아의 최고경영자 자리에 올랐으니, 그야말로 재계에 센세이션을 불러일으킨 사건이 아닐 수 없었다.

하지만 박세훈의 이력을 살펴보면, 그다지 파격적인 인

사가 아님을 알 수 있다. 그 이유는 아주 명료하다. 바로 박세훈이 가진 변화와 혁신의 기업가정신 덕분이다.

박세훈이 현대카드 통합마케팅 본부장으로 영입된 때는 지난 2005년. 당시 현대카드는 카드업계에서 가장 늦은 후발주자였다. 대다수는 현대카드의 뒤늦은 카드업계 진출에 회의적이었다. 쟁쟁한 기존 카드사들의 틈바구니 속에서 현대카드가 살아남기가 여간 힘들지 않으리라는 생각 때문이었다. 하지만 많은 사람들의 예상을 뒤엎고 현대카드는 단숨에 카드업계 선두권으로 도약했다. 가히 현대카드 열풍이라고 해도 좋을 만큼 현대카드는 대단히 선전했고, 그 핵심에는 바로 박세훈이 있었다. 그는 파격적인 마케팅 전략을 펼쳤는데, 대표적으로 연회비 100만 원이 넘는 'VVIP 카드'를 출시한 일이다. VVIP 카드는 카드업계에서 무모하다는 평가를 받으며 출시 전부터 우려의 목소리가 높았다. 하지만 막상 뚜껑을 열어보니 결과는 놀라웠다. VVIP 카드는 출시되자마자 폭발적인 인기를 누렸다. 특히 할리데이비슨Harley-Davidson, 뉴욕현대미술관MoMA, 루이비통Louisvuitton 등과 연계한 마케팅에서 고객들의 큰 호응을 얻었다. 자연스레 VVIP 카드는 현대카드의 성장을 이끄는 효자 상품이 됐다.

또한 박세훈은 카드와 초대형 문화 이벤트를 결합한 새로운 마케팅을 통해 현대카드만의 브랜드 이미지를 만들어냈다. 대표적으로 국내에서 접하기 힘든 해외 유명 아티스트를 초청해 콘서트 및 전시회를 개최하는 '슈퍼콘서트'와 세계적인 스포츠 스타를 초청해 경기를 개최하는 스포츠 행사인 '슈퍼매치'가 바로 그것이다. 특히 슈퍼매치는 피겨스케이팅, 테니스, 스노우보드, 댄스스포츠 등 다양한 스포츠 분야를 아우르며 국내외 스포츠 팬에게 큰 호평을 받았다.

이와 같은 현대카드의 '슈퍼 시리즈'는 그전까지 국내에서 한 번도 시도한 적 없었던, 매우 새로운 마케팅 방식이었다. 당연히 고객들의 반응은 폭발적이었다. 이는 곧 현대카드 매출 증대로 이어지며 현대카드를 업계 2위로 끌어올리는 데 크게 기여했다. 현대카드의 마케팅을 주제로 한 논문까지 발표될 정도였다. 이처럼 현대카드의 마케팅은 카드업계의 마케팅 패러다임을 통째로 뒤흔든 혁신 그 자체였다.

이처럼 박세훈 대표는 기존의 마케팅 방식을 던져버리

고 과감하게 VIP, 애호가와 마니아에 집중하는 마케팅으로 큰 성공을 이끌어냈다. 그 결과, 현대카드 마케팅 본부장에서 한화그룹의 전무로, 한화갤러리아의 대표까지 올라서며 자신의 역량을 스스로 입증했다. 이는 박세훈의 남다른 기업가정신이 발현된 것으로 변화를 두려워하지 않는 과감한 도전과 혁신이 일구어낸 값진 성과다.

현대카드에서 박세훈이 보여준 선택과 집중의 마케팅 전략은 한화갤러리아에서도 여전히 유효하다. 박세훈은 기존의 획일화된 동선과 매장 구성을 과감하게 버리고, 10년 만에 갤러리아백화점 명품관을 리뉴얼하여 오픈했다. 국내 최초의 오픈형 매장을 지향해 브랜드별 경계를 없앴고, 갤러리아백화점이 가지고 있는 '명품 백화점' 이미지와 브랜드를 더욱 강하게 부각시켰다. 외국인 대상의 마케팅도 집중적으로 강화한 덕분에 강남 지역 백화점 중 중국인 매출 1위의 실적을 자랑한다. 일례로 갤러리아 명품관의 경우 2012년 이후, 3년간 외국인 매출은 100%씩 증가했다.

또한, 프리미엄 식품관인 '고메이 엠포리엄'을 열고 식료품점과 식당을 결합한 국내 최초의 '그로서란트Grocerant, Grocery+Restaurant'를 도입했다. 박세훈은 여기서 그치지 않았다. 기존의 백화점 식품관과는 차별화된 명품 식품관인 '고메이494'를 도입했다. 자신의 마케팅 전략을 성공시키기 위해 직접 서울의 유명 식당을 찾아다니며 입점을 권유했고, 실제로 상당수 식당이 입점했다. 그 덕분에 갤러리아 백화점의 식품관 방문객 수는 60%가 증가했고 매출은 25%가 성장했다.

이쯤이면 한화그룹의 박세훈 대표이사 선임은 탁월한 선택이었다고 평가할 수 있다. 40대 젊은 기업가의 기업가정신이 새로운 변화를 일으키며 기업의 성장을 이끌어내고 있지 않은가. 이처럼 도전과 변화의 중심에는 언제나 기업가가 있다. 기업가의 기업가정신에서 바로 혁신이 시작되기 때문이다.

시대의 새로운
흐름을 이끄는 기업가

새로운 기회와 지속적 지원

　최근 들어 '제2의 창업 열풍'이란 말이 심심치 않게 들린다. 2000년대 초반, IT 산업의 거품이 급속하게 꺼지며 위축되었던 기업가정신이 서서히 회복되고 있기 때문이다. 그 배경에는 스마트 기기의 등장과 새로운 기술의 보급이 있다. 새로운 매체와 새로운 기술은 새로운 기회의 바다, 블루오션Blue Ocean을 만들어준다. 실제로 2015년 1월을 기준으로 벤처기업의 수는 무려 3만 개가 넘는다. 참으로 다행스러운 일이다. 창의와 열정으로 과감한 도전과 모험을 시도하는 벤처기업이 많아질수록 우리 기업 생태계는 더욱더 건강하고 활기차게 변모할 수 있다. 자고로 시대의 흐름이 변하면 지금까지 없었던 분야가 새롭게 열리고, 덩달아 새로운 기회 또한 생기기 마련이다.

대표적으로 게임 산업 분야를 생각해보자. 과거 게임은 '시간 낭비' 혹은 '인생 낭비'라고 폄하되던 분야였다. 이러한 사회적 인식 속에서 국내 게임업계가 성장하기란 매우 어려운 일이었다. 당연히 내로라하는 유명 게임 제작업체는 대부분 외국 회사였다. 하지만 인터넷이 보편화되면서 온라인 게임이라는 새로운 시장이 열렸고, 이는 국내 게임업계에게 새로운 기회가 되었다. 1990년대 말 시작되어 2000년대 초반부터 본격적으로 무르익기 시작한 온라인 게임은 시간이 흐를수록 폭발적인 성장세를 기록했고, 현재는 상당한 규모로 성장했다. 한국콘텐츠진흥원 자료에 의하면 2008년에 5조 6,047억 원이었던 국내 게임시장 규모는 2013년에 9조 7,198억 원을 기록했다. 게임 수출 역시 3조 원으로 성장했다. 게임 캐릭터 제품 등을 통해 파생되는 규모까지 생각하면 그 경제적 파급 효과는 어마어마하다. 게다가 게임은 국경이 없지 않은가.

세계적으로 인기를 끌고 있는 모바일 게임인 '퍼즐 앤드래곤'과 '클래시 오브 클랜'만 해도 두 게임의 연 매출액이 3조 원에 이르리라고 예상된다. 잘 만든 모바일 게임 하나의 매출이 웬만한 기업의 매출보다 많은 것이다. 예전에는 상상도 할 수 없었던 일이다. 시대가 변하면서 천대받던 게임 산업이 미운 오리 새끼에서 황금 알을 낳는 오리로 환골탈태한 셈이다.

새 시대를 여는 기업가정신

이처럼 시대의 변화에 따라 새로운 기회를 포착한 분야는 비단 게임 산업만이 아니다. 많은 분야에서 변화가 일어나고 새로운 기회가 생겨나고 있다. 바로 이때, 남들보다 한발 앞서 시대의 변화를 포착하고 새로운 기회를 잡아채려면 누구도 지금까지 하지 못했던 일에 도전하는 용기, 즉 기업가정신이 필요하다.[14] 아무리 시대가 바뀌고 새로운 분야가 열린다고 한들 기업가에게 기업가정신이 없다면 아무 소용이 없다.

하지만 세상에 어디 거저 얻어지는 것이 있던가. 기업가정신도 마찬가지이다. 더 많은 기업가가 뛰어난 기업가정신을 발현하여 성공하려면, 기업가 혼자만이 아니라 많은 사람이 곁에서 도와줘야 한다. 많은 기업가가 살아남아 성장할 때라야 비로소 우리 경제 역시 성장의 엔진을 가동할 수 있기 때문이다.

최근에는 기업과 정부는 물론이고 개인 기업가들도 젊은 창업가들에게 관심을 아끼지 않는 추세다. 특히 벤처 1세대로 불리며 1990년 후반에서 2000년대 초 창업에 성공한 인물들이 앞장서고 있는데, 이해진 네이버 의장, 김범수 다음카카오 의장, 장병규 네오위즈 공동 창업자, 권도균 이니시스 창업자, 이택경 다음 공동창업자 등이 대표적이다. 사실 벤처 1세대의 성공은 가히 혁신적이었다고 할 수 있다. 네이버와 다음은 국내 인터넷산업 시장을 장악했으며 카카오톡은 순식간에 국민 메신저 서비스로 자리매김했다. 이들 기업들이 제공하는 서비스와 새롭게 창출한 일자리는 우리 경제의 성장 동력으로 작용하며 우리 삶을 보다 풍요롭게 만드는 데 기여했다.

이처럼 앞서 혁신을 이끌었던 벤처 1세대가 후배 벤처 창업자에게 다양한 벤처 창업 노하우와 기업가정신을 전달하고자 나선 것은 앞으로 우리 경제를 떠받칠 젊은 기업가 출현을 위해 참으로 다행스러운 일이다. 장차 국내를 넘어 세계 무대에서 주도권을 쥐고 보다 나은 미래를 이끌어가려면 새로운 기업가들을 양성하는 일이 필수적이기 때문이다. 아무리 좋은 기회가 온다 하더라도 준비된 기업가가 없다면 아무것도 얻을 수 없다. 게다가 번번이 좋은 기회를 놓치다 보면, 어느새 우리 경제는 다른 나라에 비해 현저히 뒤처질 수밖에 없다. 경제가 뒤처지면 사회도 정체되고 우리 삶의 질도 저하되기 마련이다. 그래서 준비된 젊은 기업가가 소중하다. 젊은 기업가 마크 주커버그Mark Zuckerberg가 창립한 소셜네트워크서비스 '페이스북facebook'을 생각해보라. 페이스북의 2014년 매출은 무려 13조 원이 넘는다. '겨우 인터넷으로 대화나 주고받는 서비스'라고 치부해버리기엔 너무나 막대한 부가가치를 창출하는 글로벌 대기업이다. 준비된 기업가, 용감한 기업가, 혁신적인 기업가가 곧 우리 경제의 자산인 까닭이 바로 이 때문이다. 새로운 기업가가 없고, 새로운 기업가정신이 발현되지 않는다면 우리에게 장밋빛 미래는 없다.

기업가는
자산이다

부족함을 뛰어넘어 더 나은 삶으로 가고자 하는 열망,
그리하여 과감한 도전과 모험도 불사하는 용기와 의지,
그것이야말로 진정한 기업가정신이자 성공의 열쇠다.

부유한 나라의 비밀: 기업가정신

기업의 수가 경쟁력이다

일본에는 200년 이상된 장수長壽 기업만 3,000개가 넘는다고 한다. 이는 전 세계 장수 기업 수에서 무려 절반 이상이나 되는 어마어마한 숫자다. 지금 같은 글로벌 경제위기 시대에 일본의 장수 기업 수는 참으로 경이롭게 들린다. 기업의 세계에서 살아남았다는 것은 바로 성공을 뜻하기 때문이다.

분명 200년 이상이라는 오랜 기간 동안 무수한 별처럼 많은 기업가가 나타났다가 소리 없이 사라졌을 것이다. 그 치열한 경쟁 속에서 끊임없이 변화하는 세상에 발맞추며 자기 혁신을 성공적으로 수행한 기업가만이 살아남아 오랫동안 생존하는 강한 기업, 즉 장수 기업을 이끌 수 있었을 터이다. 따라서 일본의 장수 기업 수는 그 이상의 혁신적인 기업가 수를 의미한다고 볼 수 있다.

사실 지금까지 세계 최고가 된 기업들을 보면, 기업가들의 끊임없는 자기 혁신이 있었다. 대표적으로 미국의 GE가 있다. 미국의 GE는 도전정신의 귀재인 에디슨이 전구를 발명하면서 설립된 기업이다. 미국의 GE는 급변하는 시장 변화에 신속하게 적응해야만 기업이 최고 자리를 유지할 수 있다는 사실을 보여준 기업계의 살아 있는 전설이다.

한국에도 당장 눈앞의 사업에만 만족하지 않고 새로운 분야에 도전해 세계 최고의 자리를 꿰찬 기업들이 있다. 우리 기업들이 세계 최고의 자리에 오르기까지 얼마나 많은 기업가가 도전하고 노력했을지 상상이 가는가. 국내에서 흑백텔레비전을 보던 시절에 컬러텔레비전을 수출한 한국 기업들은 이제 일본 기업들을 당당히 제치고 TV, 핸드폰 시장 등에서 최고의 자리에 올랐다.

반면 기업들은 사업다각화를 두고 '문어발식ㅠ 경영' 운운하는 말로 비난받기도 하는데, 이는 비판받을 일이 아니다. 기업가정신이 살아 있음을 증명하는 것이다. 미래

의 성장 동력을 키우지 못한 기업은 최고가 될 수 없기 때문이다.[15]

더 나은 경제 여건과 사회를 만들기 위해서는 미래 성장 동력이 필요하다. 더 많은 훌륭한 기업들이 나타나야만 한다. 이러한 미래 성장 동력을 키우기 위해서는 기업가정신으로 무장한 기업가가 더 많이 나올 수 있는 환경이 필수적이다. 기업가정신이 풍부한 나라일수록 더 많은 혁신을 일으키고 더 많은 부를 가질 수 있으며, 이는 결국 그 나라가 더욱더 잘사는 나라가 된다는 것을 의미한다. 한마디로 기업가가 많은 나라가 부유하게 잘산다.

《이코노미스트The Economist》의 편집장인 미클스웨이트 John Micklethwait와 경영 담당 편집자인 울드리지Adrian Wooldridge 는 그들의 저서에 이렇게 썼다.

"오늘날 한 나라의 국력은 그 나라가 보유하고 있는 군함의 수가 아니라, 그 나라에 내세울 만한 민간 기업이 몇 개 있느냐로 가늠하는 게 더 적합하다. 예를 들어, 미국은 2001년 기준으로 그런 기업들이 550만 개나 있는 반면, 북한은 하나도 없다. 또한 민간 기업의 수가 많을수록 그 나라의 정치적 자유가 높다고 봐도 무방하다."[16]

실제로 우리가 살고 있는 시대는 경제를 잘 발전시키는 나라가 부유하면서 강력한 국력을 가지고 있다. 부는 경제성장의 결과물이며 부가 있어야 힘도 키울 수 있다. 정치적 안정, 풍부한 천연자원, 뛰어난 인적자원, 효율적인 제도, 통치자의 리더십 등 경제발전의 요소는 참으로 다양하다. 그리고 이와 같은 요소들을 결합시켜 경제발전을 이루는 것이 바로 혁신적인 기업가정신으로 무장한 기업가와 기업이다.

오늘날 세계에서 내로라하는 부자 나라들은 기업하기 좋은 환경에서 경제발전의 요소들이 긴밀하게 결합되어 시너지 효과를 발휘했다는 공통점이 있다. 반대로 가난한 나라는 각 요소들이 서로의 효과를 상쇄하거나 불협화음을 만들어낸다. 심지어 천혜의 자원을 갖춘 나라라고 할지라도 기업가정신과 기업의 경쟁력이 없다면, 경제발전을 이룰 수 없다.

이는 우리나라의 경제발전 역사에서도 다시 한 번 확인할 수 있다. 우리나라는 6·25전쟁 당시 세계 최빈민국이었다. 부존자원, 자본, 기술은 물론 그 무엇도 제대로 갖춰지지 않은 나라였다. 게다가 1953년 발발한 6·25전쟁으로 기간시설은 물론이고 국토가 참혹하리만치 짓밟혔다. 한국이 전쟁의 상흔을 딛고 일어설 수 있으리라고는 그 누구도 예상하지 못했다.

하지만 우리나라는 현재 OECD에 가입한 지원국의 지위를 가지고 있으며 세계 10위권의 경제 강국으로 성장했다. 그 뒤에는 기업가정신으로 무장돼 우리나라 경제를 이끌어온 수많은 기업과 기업가들이 있다. 흔히 가난한 나라는 경제발전 요소의 한계로 영원히 가난한 나라로 남을 확률이 높다고 한다. 이와 같은 통설을 멋지게 깨부순 주역이 바로 우리나라, 자랑스러운 대한민국이다. 오죽하면 프랑스의 경제학자 기 소르망Guy Sorman이 쓴 『신국부론』에서 이렇게 기술했겠는가.[17]

"빈곤한 한 나라가 있다. 이 나라의 국토는 대단히 작고 인구는 너무 많아서 터져 나갈 지경이다. 인구밀도는 1㎢당 400명이고, 인구증가율은 세계에서 가장 높은 축에 끼일 정도인 약 3%이다. 또, 이 나라에는 자연자원이 전무하다. 특히 석유나 기타 광물자원에 있어서 말이다. … (중략) … 다른 불행도 겹쳤다. 야만적인 외국 식민 세력에 의한 착취, 제2차 세계대전 이후에 생긴 국토의 양분, 그 다음에는 서로 죽이고 죽임을 당한 내란이 있었다. 이 내란의 와중에 200만 명이 전장에서 죽었다. 가옥의 반이 파괴되고 도로, 교량, 수리 시설도 대부분 파괴되었다. 그리고 이 나라에는 대단히 더운 여름과 혹독하게 추운 겨울이 있다는 것도 말해두어야겠다. 이 나라는 세계지도상 가장 외딴 구석에 동떨어져 있다. 이러한 나라가 이 불행한 환경에서 뛰쳐나오는 것을 불가능하게 하는 마지막 조건이 또 있다. 바로 두 가지 면에서 제국주의의 표적이 되어 있다는 점이다. 하나는 군사적 위협이고, 다른 하나는 외국 군대의 기지라는 것이다. 이 영구적인 긴장 때문에 이 나라는 예산의 3분의 1을 국방비로 지출한다. … (중략) … 1961년까지만 해도 모든 전문가는 이 나라의 운명은 끝났다고 보았다. 그리고 그것은 당시로서는 틀린 말이 아니었다. 당시에 작성된 74개의 후진국 명단 가운데서 1인당 소득 등의 기준에 따라 순서를 매겨본 결과 60번째 국가였다. 인구의 5분의 1은 실업자였고, 사람들은 오직 미국의 식량원조 덕택에 목숨을 부지할 수 있었다. 그러나 25년이 지난 지금, 이 나라는 그중에서 9위로 뛰어올랐으며 연간성장률은 7% 이상을 유지하고 있다. 이 나라 국민들은 무슨 요술 약을 먹었더란 말인가?"

다른 나라의 이야기가 아니다. 바로 우리나라의 이야

기다. 기 소르망이 궁금해 마지않던 요술 약은 과연 무엇일까. 그것은 바로 혁신과 도전을 두려워하지 않는 기업가정신이었다.

성장에는 경쟁이 필요하다[18]

가난한 나라, 즉 후진국의 경우 기업가정신이 발현되기 힘들다. 뛰어난 기업가가 나타나도 기업가정신을 발휘할 수 있는 경제환경과 제도적 인프라가 없기 때문이다. 그래서 후진국 사람들은 현상 유지를 주 목적으로 기업이나 사업을 영위하는 경우가 많다. 반면 선진국 사람들은 자유로운 시장경쟁 속에서 기업가정신을 발휘해 기술을 개발하고 현대적 기업조직을 창안해 오늘날과 같은 비약적인 생산성 증대를 이룩했다. 그 결과로 오늘날 손꼽히는 부국이 된 것이다.

후진국과 선진국의 결정적인 차이는 기업가정신에서 찾을 수 있다. 왜냐하면 주어진 한계를 넘어 이윤을 창출하는 능력이 곧 기업가정신이기 때문이다. 선진국의 기업

가들은 남다른 기업가정신을 발휘하여 지속적인 경쟁 속에서 살아남았다. 전략적 제휴, 경영 합리화, 인수·합병 등 여러 위험 부담을 무릅쓰고 도전과 혁신의 결단을 실현해 왔다. 제자리에만 머물러 있지 않고 새로운 분야를 개척하는 모험을 불사한 덕분에 다른 경쟁자들과의 경쟁에서 살아남을 수 있었던 것이다. 그리고 그 근간에는 생산성을 기반으로 한 시장경쟁이 있었다.

경제성장을 이루고 부자 나라가 되기 위해서는 시장경쟁을 할 수 있는 환경과 제도가 기타 생산시설이나 인프라 등 다른 것보다 우선시되어야 한다. 끊임없는 경쟁만이 기술혁신과 경제성장을 이루며, 나아가 국민 후생을 증진시키게 한다. 선진국 기업가들이 기업가정신을 많이 발휘할 수 있었던 까닭 역시 정당하고 자유로운 시장경쟁에 적극적으로 참여한 덕분이다.[19] 그래서 기업가정신이 탁월한 기업가들만이 경쟁 속에서 자연스럽게 선발될 수 있었다.

반대로 경쟁이 없는 상태에서는 기업이나 개인의 생산성을 제고할 수 없다. 기업가정신이 탁월한 경영자 역시 육성할 수가 없다.

어떤 이들은 선진국뿐만 아니라 후진국 역시 기업가정

신의 양과 질이 모두 풍부하다고 주장한다. 그 증거로 후진국에도 수많은 자영업자가 존재하며, 열악한 환경에서도 꾸준히 영업을 하는 점을 든다. 다만, 선진국과 달리 선진기술과 현대적 기업조직이 부족한 탓에 기업가정신을 십분 발휘할 수 없다고 이야기한다.

과연 그러할까? 아니다. 기업가정신은 자영업을 유지하는 능력이 아니라 한계를 뛰어넘어 혁신을 이룰 수 있는 능력이다. 선진기술과 현대적 기업조직은 기업가정신을 통해 기업가들이 한계를 넘어서는 과정에서 달성할 수 있는 업적이다. 세상 어느 선진국도 처음부터 잘사는 나라는 아니었다. 선진국 역시 기업가정신을 바탕으로 혁신과 창조적 파괴의 과정을 거쳐 오늘날 부와 국력을 갖게 된 것이다.

컨베이어 벨트를 통해 자동차 대량생산을 이룩한 헨리 포드Henry Ford, 철광석 채광부터 각종 철강재 생산까지 일괄생산을 달성한 철강왕 앤드류 카네기Andrew Carnegie 등 혁신을 통해 한계를 극복한 기업가들이 있었다. 그들의 혁신이 있었기에 기업들은 시장경쟁에서 살아남아 현대적 대기업으로 성장할 수 있었다.

지금도 선진국 내 기업과 기업가들은 후진국과 비교할 수 없으리만치 치열한 무한 경쟁 속에서 살아남기 위해 전력을 다하고 있다. 매 순간 창의성과 모험심을 발휘해 기업을 이끌어간다. 제아무리 세계 최고의 기업이라고 해도, 급변하는 경제환경에 적응하지 못하거나 현재의 성과에 만족하는 순간 경쟁력을 상실하고 추락하고 만다.

물론 후진국에도 기업가와 기업가정신이 없지는 않다. 분명 선진국 못지않은 기업가정신을 갖춘 기업가가 있으리라. 그러나 경쟁을 통해 뛰어난 기업가를 선별하는 시스템은 선진국에만 존재한다. 위험 부담을 안고서라도 전략적 결단을 통해 살아남아야 하는 시스템, 즉 시장을 갖고 있는 쪽은 선진국이다. 시장에서 수많은 기업가가 경쟁하고, 그 가운데 가장 뛰어난 기업가만이 살아남는 시스템 덕분에 선진국은 기업가정신이 더 풍부할 수밖에 없고, 계속해서 세계 최고의 경제 우위를 차지할 수 있는 것이다.

하지만 후진국 사람들은 자영업을 영위할 역량을 갖고 있을지라도 시장경쟁이 없거나 약하기 때문에 자영업의 한계를 뛰어넘을 혁신의 기업가정신이 부족하다. 치열한 시장경쟁만이 현존하는 제약 속에서 현상 유지만을 목표로 하는 것이 아니라 제약을 혁파하기 위한 다양한 시도와 모험, 즉 기업가정신의 발현을 촉진한다.

우리나라가 후진국에서 선진국 수준으로 도약할 수 있었던 이유 역시 마찬가지다. 1960~1980년대 우리나라는 시장경쟁 속에서 기업가정신이 최고조로 발현되며 눈부신 경제발전을 이룩했다. 현재 세계적 대기업 반열에 오른 국내 기업들의 대부분이 이때 나왔다. 마치 경제올림픽에서 금메달을 딴 것처럼 경제 성공을 이뤘던 것이다. 당시 창업주들은 탁월한 기업가정신을 발휘했고 기적같은 성장세를 실현했다. 곧 우리나라의 성장 역사가 경쟁과 기업가정신 발현의 살아 있는 증거인 셈이다. 이처럼 시장경쟁은 기업가정신을 발현하고 구현할 수 있는 가장 근본적인 시발점이다.

성공 신화는
주인의식에서 시작된다[20]

주인의식이 가져다준 기회

"지구는 푸른 빛깔이었다."

인류 최초로 우주 비행에 성공한 '유리 가가린Yurii Gagarin'
이 한 말이다. 1961년 보스토크Vostok 1호 발사를 앞두고, 당
시 소비에트연방(소련)은 우주 비행사를 뽑기 위해 많은 후
보들을 선출하고 심사했다. 유리 가가린은 많은 후보들 가
운데 한 사람이었다. 그런데 어떻게 유리 가가린이 인류 최
초의 우주비행사가 되었을까? 바로 유리 가가린의 주인의
식 덕분이었다.

유리 가가린은 우주인 선발심사에서 다른 후보들과 달
리 조심스럽게 신발을 벗고 우주선에 탑승했다. 그 모습을

유심히 지켜본 심사위원들은 우주 비행사에 유리 가가린을 뽑기로 최종결정을 내렸다. 그 이유는 유리 가가린의 사소한 행동에서 자신이 탑승할 우주선을 소중하게 생각하는 모습, 즉 진정한 주인의식을 보았기 때문이다. 이것이 바로 유리 가가린이 다른 똑똑하고 건장한 후보자들을 따돌리고, 인류 최초의 우주 비행사가 될 수 있었던 이유다.

대부분의 사람들은 사회생활을 시작하며 저마다 큰 꿈에 부푼다. 특히 처음 입사할 당시에는 직장에서 성과를 인정받으며 빠른 승진과 고액 연봉을 실현하겠다는 꿈을 꾸지만 머지않아 현실의 벽이 높다는 사실을 깨닫는다. 취직만 하면 뭔가 되려니 막연히 생각했던 환상들이 하나둘 깨져나간다. 당당하고 멋있게 능력을 발휘하며 일할 줄 알았는데, 맡은 일은 생각처럼 만만치 않다. 상사는 자세히 가르쳐주지 않으면서 일을 제대로 하지 않았다고 핀잔하기 다반사고, 딴에는 열심히 했는데도 성과가 미흡하다고 지적받기 일쑤다. 상사와 동료들에게 인정받고, 직장에서 자신의 지위를 확고히 다져나가며 성공의 발판을 마련하는 일은 결코 호락호락하지 않다.

그럼에도 불구하고 직장을 포기할 수는 없는 노릇이

다. 좋으나 싫으나 자신의 일에서 성취와 보람을 찾아가면서 직장에 적응해가야 한다. 그러려면 스스로 회사가 원하는 인재, 높은 가치를 창출하는 인재가 되어야만 한다.

물론 회사가 필요로 하는 인재의 조건에는 여러 가지가 있을 것이다. 그중에서 으뜸 조건이자 모든 조건을 관통하는 전제조건을 말하고자 한다. 바로 '주인의식'이다.[21]

소위 '샐러리맨의 신화'로 불리는 직장인의 성공 신화를 보면, 회사 일을 자신의 일처럼 여기고 노력했다는 대목이 절대 빠지지 않는다. '하라니까 해야지'라는 식의 수동적인 자세가 아니라, 내 스스로가 회사의 주인이고 대표라는 주체적이고 능동적인 태도가 곧 성공의 근간이라는 이야기다.

나약한 존재라고 부르지 마라

대부분의 사람들은 자신에게 주어진 일에만 최선을 다하는 경우가 많다. 하지만 거기서 멈춘다면, 더 큰 성공으로 나아가기 어렵다. 내가 회사의 주인이라면 직원에게 무엇을 바랄지 끊임없이 생각하고, 회사를 경영하는 마인드로 자신의 소임을 다할 때에 비로소 성공의 길이 열린다.

샐러리맨의 성공 신화를 이야기하면 이명박 전 대통령과 김우중 전 대우그룹 회장이 빠지지 않고 등장한다. 이명박 전 대통령은 현대건설에 입사하면서 남다른 부지런함과 기민한 일처리로 샐러리맨의 성공 신화를 썼다. 김우중 전 대우그룹 회장 역시 일밖에 모르는 열정과 추진력으로 샐러리맨의 우상이 되었다. 두 인물의 공통점은 주인의식을 실천했다는 점이다.

요즘 젊은 세대들은 취업난 등 미래에 대한 불안 속에 사회생활을 시작해야 한다는 '88만 원 세대'로 불리곤 한다. 자신들의 미래를 비관하며 스스로 가능성을 단념하는 젊은 세대가 부쩍 많아졌다는 말인데, 이는 올바른 설명이 아니다.

역사가 증명하듯, 젊은이들은 언제나 사회에 활력을 불어넣으며 새로운 시대를 이끌어가는 주역이었다. 젊은 세대에게 필요한 것은 활기와 도전정신이지, 무기력과 패배주의가 아니다. 우리의 젊은 세대는 일찌감치 성공을 포기할 만큼 나약한 존재가 아니다. 얼마든지 시련을 극복하고 위기를 기회로 전환할 수 있는 잠재력을 갖춘 인재들이다. 확고한 주인의식으로 지금의 난관을 자발적으로 극복하고 새로운 도전을 멈추지 않는다면, 우리의 젊은 세대는 88만 원이 아니라 88억 원 아니, 880억 원 이상의 가치를 창출하는 미래의 주인공이 될 것이다.

지금 당장 힘들고 어렵다고 지레 겁먹고 포기해서는 안 된다. 누구에게나 성공의 길은 어렵다. 지난 과거의 성공담을 들으면, 그들의 성공이 쉽게 얻어진 것처럼 느껴질 수 있다. 하지만 단언컨대, 과거에도 성공은 쉽게 얻을 수 있는 것이 아니었다. 불확실한 미래를 향해 출사표를 던지고, 지칠 줄 모르는 열정과 패기로 수없는 고난을 극복해 나가며 스스로의 가능성을 꽃피울 때에 비로소 성공을 이룰 수 있었다.

샐러리맨의 성공 신화든 혁신적인 기술의 벤처 신화든 모두 마찬가지다. 젊은 인재의 가치는 스스로 혁신적인 모습으로 성장할 때에 빛을 발한다. 그리고 그 전제는 주체적이고 능동적인 주인의식의 확립임을 명심하자.

기업가정신에
투자하라

기업가로 키워내라

지난 60년간 우리나라의 국내총생산GDP은 740여 배로 커졌다. 1인당 국민소득GNI은 1970년에는 255달러에 그쳤으나, 2014년에는 2만 8,739달러로 113배 가까이 성장했다. 고작 반세기 남짓한 시간 동안 우리나라는 세계에서 유례없는 성공 신화를 일궈낸 것이다.

하지만 안타깝게도 오늘날은 위험을 무릅쓰고서라도 새로운 가치를 창조하고자 하는 꿈과 열정의 기업가정신을 찾아보기 어렵다. 2012년 교육과학기술부와 한국직업능력개발원 조사 결과에 따르면, 우리나라 청소년의 희망 직업 1위는 초등학교 교사였다. 이어 의사와 공무원, 중고

교 교사, 회사원 등이 순위에 올랐다. 10위권에 기업가는 없었다. 이처럼 도전과 모험을 겁내지 않는 기업가보다 안정적이고 위험이 적은 직업을 선호하는 경향은 결국 청년 창업 축소로 이어지고 있다.[22]

세계은행WDI, World Development Indicator이 기업의 생성 및 소명 등을 기준으로 밝힌 '경제활동인구 천 명당 창업자 수' 현황 자료를 보면, 우리나라는 세계 주요 국가에 비해 창업자 수가 현저하게 낮다. 우리나라의 2011년 경제활동인구 천 명당 창업자 수는 평균 1.83명으로, OECD 평균인 3.42명보다 크게 낮다.[23]

단순히 창업 수가 경제성장의 절대적 지표가 되는 것은 아니다. 하지만 새로운 도전과 변화 없이는 그 무엇도 성장할 수 없다. 따라서 우리 사회의 지속적인 성장을 위해 기업가정신이 절실히 필요한 때다.

현재 기업가정신이 약화된 이유는 여러 가지다. 도전의식의 부재, 실패에 대한 두려움, 정부의 잘못된 지원정책, 스펙에 치중한 교육 시스템, 열악한 창업 생태계, 위험에 대한 사회의 부정적 시선 등이 있다. 하지만 가장 큰 문제는 '기업가정신 교육의 부재'다.

세계 최대 SNS인 페이스북을 설립한 마크 주커버그처럼 성공적인 청년창업이 이뤄지기 위해서는 기업가정신에 대한 체계적인 교육이 필요하다. 성공적인 청년창업의 공통점을 보면 기업가정신에 대한 교육을 통해 기업가로서 올바른 태도와 의식, 사업가로서의 역량을 기른 후 적절한 기회를 만난 것임을 알 수 있다.[24]

도전을 장려하는 교육이 필요하다

그러나 우리나라 기업가정신 교육은 상당히 미흡한 수준이다. 지성의 상아탑이라는 대학에서도 기업가정신에 대한 교육을 찾아보기 힘들다. 손에 꼽을 만큼 소수의 대학에서만 별도로 기업가정신센터를 설치해 학생들에게 기업가정신에 대한 교육을 실시하고 있다. 미국의 200여 개 대학에서 기업가정신센터를 운영하며 학생들의 혁신적인 아이디어를 창업을 통해 사업화하고 있는 것과 비교하면 우리나라의 기업가정신에 대한 교육 실정은 참으로 초라하다.

도전과 모험에 대한 사회의 부정적인 시선 역시 교육

을 통해 개선해나가야 할 부분이다. 젊은 세대의 열정과 아이디어는 사회를 이끌어갈 원동력이다. 그들에게 그런 기업가정신이 없다면, 우리 사회의 미래는 어두울 수밖에 없다. 기업가정신에 대한 체계적인 교육 시스템을 구축하고, 사회 전반에 걸쳐 꿈과 열정, 도전과 혁신의 기업가정신을 고취시킬 수 있어야 한다.

리더십이
핵심 경쟁력이다

부족함이 성공의 열쇠[25]

2014년 하반기, 대한민국 직장인의 마음을 들었다 났다 한 드라마 한 편이 있었다. 바로 만화가 윤태호의 웹툰을 원작으로 한 〈미생未生〉이다. 드라마 제목인 〈미생〉은 한자로 '未生'으로 '아직 완전히 살아 있지 못한 상태나 그러한 사람'을 의미한다. 〈미생〉의 주인공 장그래는 바둑에 인생을 걸었지만 끝내 프로가 되지 못하고 직장인으로서의 새로운 삶을 시작한다. 하지만 인턴 생활부터 녹록지 않다. 오랫동안 바둑만 해온 터라 남들보다 업무적으로 뛰어난 구석이라고는 눈 씻고 찾을 수 없는 장그래. 바둑계와 마찬가지로 직장에서도 장그래는 '미생'이었다. 그럼에도 불구하고 장그래는 포기하지 않는다. 바둑판 위에서 한 수 한 수 돌을 이어가듯 미생에서 완생完生으로 한 발 한 발 나아가고자 한다. 비록 드라마에서도 웹툰에서도 장그래는 완생을 이루지 못했지만, 적어도 미생에서 완생으로 향하는 끈기와 노력만큼은 장그래를 지켜보는 수많은 사람들에게 깊은 울림을 주었다. 그렇기에 전국이 소위 '미생앓이'로 들썩이지 않았는가.

원작자 윤태호 작가 역시 〈미생〉의 성공으로 명실상부 한국 대표 만화가로서의 위상을 공고히 했다. 〈미생〉 전에도 〈YAHOO〉, 〈이끼〉 등의 작품으로 큰 인기를 누렸던 윤태호 작가는 그야말로 만루 홈런을 친 셈이었다. 이제 '윤태호' 이름 석 자가 곧 인기 보증수표가 되었다고 해도 부족함이 없으리라.

그러나 윤태호 작가가 처음부터 완벽한 상태로 성공 가도를 달렸던 것은 아니다. 오히려 윤태호 작가는 남들보다 어렵고 부족한 인생을 살아왔다. 집안 형편이 어려워서 육성회비를 내지 못하는 일은 다반사였고, 학교로 가는 차비마저 이웃에게 빌려야 할 만큼 궁핍한 생활을 해야 했다. 이런 삶에서 윤태호 작가를 지탱해준 것은 다른 무엇도 아닌 그림이었다. 미대 입시에 실패한 뒤로 윤태호 작가는 자신의 인생을 만화에 걸기로 마음먹었다. 그리고 오로지 만화를 그리기 위해 부모님의 걱정과 만류에도 아랑곳하지 않고 혈혈단신 서울로 올라왔고, 노숙 생활까지 불사하며 꿈을 키웠다. 지성이면 감천이라고 하지 않았던가. 고된 생활에도 끝까지 꿈을 놓지 않은 덕분에 윤태호 작가는 어린 시절 우상이던 허영만 화백의 화실에 문하생으로 들어가는 기회를 얻었다.

허영만 화백의 문하생 생활은 윤태호 작가에게 있어서 단 하나뿐인 동아줄이었으리라. 윤태호 작가는 온 힘을 다해 그림에 매진했고, 허영만 화백의 화실에서 조운학 화백의 화실로 옮겨가며 정식 데뷔를 하기 위해 노력했다. 그 덕분에 윤태호 작가는 남들은 10년씩 걸린다는 문하생 생활을 5년 만에 끝내고 25세의 나이에 만화가로 정식 데뷔하기에 이른다. 아무것도 없던 지망생에서, 문하생을 거쳐 정식 만화가가 되었지만 윤태호 작가는 여전히 부족함을 느꼈다고 한다. 쉴 틈 없이 연습해 그림 실력은 일취월장했지만, 스스로 첫 작품의 스토리가 너무 빈약하다고 생각한 것이다. 윤태호 작가가 꿈꾸는 목표는 단순히 그림을 잘 그리는 만화가가 아니었기 때문이다. 그래서 시작한 것이 시나리오 공부였다. 흥미진진하고 짜임새 있는 이야기를 만들기 위해 드라마 〈모래시계〉의 대본을 필사하고, 최인호 소설 전집을 독파하며 스토리텔링 공부에 매진했다. 이를 악문 노력의 결과는 작품으로 나타났다. 다양한 인간 군상을 관조하는 작가적 시선과 개성 강한 작품을 잇따라 발표하면서 윤태호 작가는 자기만의 입지를 굳히며 명성을 넓혀갔다. 그리고 마침내 2007년 〈이끼〉에 이어 2012년 〈미생〉으로 대박을 터트리며 대한민국 최고의 만화가 대열에 당당히 올라섰다.

이처럼 윤태호 작가의 성공에는 스스로 부족함을 채우고자 하는 강렬한 열망이 깔려 있었다. 만약 윤태호 작가가 미대 입시에 실패한 이후 지레 꿈을 포기했더라면? 뛰어난 작화 실력에만 만족하고 스토리텔링을 따로 공부하지 않았더라면? 유명 작가의 문하생으로서 안정된 생활에 안주했더라면? 오늘날 최고 인기 만화가 윤태호는 존재하지 않았으리라.

결국 윤태호 작가는 남들보다 부족한 자기 자신을 용기 있게 직시했고, 스스로 부족한 점을 극복하기 위해 부단히 노력했기에 오늘날과 같은 명성, 즉 성공을 일구어냈다.

부족함을 뛰어넘는 열정 에너지

윤태호 작가뿐만 아니라, 역사상 적지 않은 위인들이 완벽하기는커녕, 평범한 사람들보다도 부족한 경우가 꽤 있었다. 악성樂聖 베토벤Ludwig van Beethoven은 귀가 들리지 않았고, 마케도니아의 알렉산더Alexander 대왕과 카르타고의 명장 한니발Hannibal, 로마의 시저Caesar는 뇌전증(간질) 환자였다. 미국 전 대통령 루스벨트Franklin Roosevelt는 소아마비였고, 영국의 천재 물리학자 스티븐 호킹Stephen Hawking은 루게릭 환자다. 프랑스의 천재 화가 고흐Vincent van Gogh는 조현병(정신분열증)을, 미국의 소설가 헤밍웨이Ernest Hemingway는 우울증을 앓았다. 그 밖에도 수없이 많은 위인들이 저마다의 결함과 싸웠다.

실제로 독일의 아이히바움Wilhelm Lange Eichbaum은 역사 속에서 천재로 분류되는 인물들을 조사한 결과, 83%가 육체 결함, 가족관계, 성 등에 대한 열등감을 가지고 있었다고 한다. 상당수가 정신병 증세를 가지고 있기도 했다. 그러나 조사 결과에서도 알 수 있듯이, '부족함'은 결코 좌절하고 체념할 핑계가 되지 않는다. 오히려 '부족함'에서 오는 '절실함'이 남다른 성공의 열쇠가 된다. 자신의 부족함에서 오는 열등감이 절실함을 낳고, 이 절실함이 성장의 원동력으로 전환될 때에 비로소 성공의 문이 열리는 것이다. 노벨 문학상을 수상한 펄 벅Pearl Buck은 이렇게 말했다.

"자신이 무력하다는 생각만 하지 않으면, 인간은 누구나 무력하지 않다."

진정한 기업가정신의 발현도 '부족함'에서 찾을 수 있다. 현재에 만족하지 않고 현재의 부족함을 채울 수 있는 혁신을 찾아 창조적 파괴를 수행하는 것이 곧 기업가정신이지 않은가. 따라서 기업가정신은 부족함을 직시하고 극복하고자 하는 열망에서 시작된다. 이는 기업의 주인으로서 기업가뿐만 아니라 각자 삶의 주인으로서 우리 모두에게 똑같이 적용된다. 지금의 부족함을 뛰어넘어 더 나은 삶으로 가고자 하는 열망, 그리하여 과감한 도전과 모험도 불사하는 용기와 의지, 그것이야말로 진정한 기업가정신이자 성공의 열쇠다.

리더십이 핵심 경쟁력이다[26]

누구도 세상을 혼자 살아갈 수는 없다. 또한, 혼자 할 수 있는 일에는 한계가 있기 마련이다. 따라서 아무리 사회가 발전하고 개인의 자유와 행복이 우선시되더라도, 사람은 언제나 다른 사람들과 함께 살아가며 좋은 인간관계를 형성하도록 노력해야 한다. 자신만을 앞세우는 모습, 함부로 남을 무시하는 태도, 일방적 관계 등등 타인에 대한 배려가 없는, 편협한 행동은 자신뿐만 아니라 주변 사람들 모두에게 부정적인 영향을 미친다.

일을 하려면, 특히 큰일을 펼치려면 반드시 다른 사람의 도움을 받아야 한다. 어떻게 하면 다른 사람으로부터 협력을 받으면서 목적하는 바를 이뤄낼 수 있을까? 리더십이 바로 그 핵심이다. 비전을 공유하고 열정을 불러일으키는 능력, 다른 사람의 장점을 활용하면서 자신의 장점을 극대화할 수 있는 능력, 솔선수범하는 모습을 통해 공감을 얻고 동료의식을 높이는 능력, 이처럼 리더십의 내용은 워낙 다양해 그 응용 분야가 넓다. 그래서 리더십은 누구에게나 꼭 필요하고, 리더십을 잘 갖춘 사람이 성공할 가능성이 큰 법이다.

예로부터 리더십이 있는 사람을 가리켜 "저 사람은 그릇이 참 큰 사람이야"라고 칭찬하곤 했다. 반대로 속이 좁은 사람을 "밴댕이 소갈딱지"라고 부르면서 낮춰 평가하는 말도 있다. 다른 사람을 포용하려면, 마음이 넓고 다른 사람을 잘 이해할 수 있어야 한다는 말이다. 실제로 배려심이 크고 도량이 넓은 사람이 주위 사람의 장점을 잘 살리면서 조직에 활력을 불어넣을 수 있다.

사람들은 자신이 목적하는 바를 달성하기 위해 조직을 만들고 활용한다. 경제 세계에서는 기업을 만들고, 정치 세계에서는 정당과 단체를 조직한다. 가정도 아주 개인적이면서도 소중한 하나의 조직이다. 사회생활이든 개인생활이든, 사람들은 조직을 통해 성장하고 조직을 키우면서 함께 발전한다.

조직은 마치 수레를 끌어가는 하나의 공동체와 같다. 앞에서 잘 끌고, 뒤에서 잘 밀어야 목표하는 쪽으로 갈 수 있다. 좋은 리더leader의 뒤에는 좋은 팔로어follower가 있게 마련인데, 사실 좋은 리더가 좋은 팔로어를 만든다. 이것이 바로 소통의 리더십이 필요한 이유다.

내가 잘 끌고 가니까 단순히 뒤에서 밀기만 하면 된다는 식의 사고로는 곤란하다. 어디를 향해 무엇을 얻기 위해 가는지, 비전을 공유하고 한마음으로 움직여야 하는 것이다. 필요하다면 리더는 함께할 사람들에게 열 번이고 백 번이고 반복해서 설명해야 한다. 표정만 봐도 알 수 있고, 움직임만 봐도 알 수 있을 정도가 돼야 팀워크가 갖춰졌다고 할 수 있다.

누가 수레를 잘 미는지 감시하는 방식만으로는 협력적인 조직문화를 만들 수 없다. 이것은 구시대적 경영이다. 오늘날의 리더는 감시자나 명령자가 아니라 도와주는 사람이어야 한다. 성공을 돕는 리더십이야말로 현대적 리더가 갖춰야 할 덕목이다.

현대적 의미의 리더는 과거와 달리, 편안함을 누리며 지시만 하는 존재가 아니다. 리더는 자신의 어려움을 하소연하기보다는 주위 사람들을 격려해야 하는 고독한 존재다. 결정을 내려야 하는 고뇌의 순간을 감당할 수 있는 능력이 있어야 한다.

비전을 동료와 함께 공유하고 나누는 일에 게을러서는 리더가 될 수 없다. 부지런하고 성실하게 소통하는 사람만이 리더가 될 수 있다는 말이다. 지금은 남에게 도움을 줄 수 있어야 성공할 수 있는 시대다. 주는 것을 통해 자신도 발전할 수 있다는 사실을 명심해야 한다.

발전하는 조직을 들여다보면 훌륭한 리더가 있다는 공통점이 있다. 리더를 키워야 하는 이유가 여기에 있다. 리더십은 타고나는 것이 아니라 훈련을 통해 길러진다. 남을 이끌기 전에 스스로를 바로 세우는 자기경영 리더십이 우선이다. 할 수 있다는 자신감과 확신, 자신을 통제하고 관리하는 능력을 먼저 키운 후에야만 진정한 리더십이 발휘될 수 있다.

제 4 장

기업가정신 없이는
대한민국의 미래도 없다

오늘날 한 나라의 국력은 그 나라가 보유하고 있는 군함의 수가 아니라,
그 나라에 내세울 만한 민간 기업이 몇 개 있느냐로 가늠하는 게 더 적합하다.
- 《이코노미스트》 미클스웨이트, 올드리지 -

오너가 있는
기업이 강한 이유

기업가정신을 가능케하는 오너경영

우리나라에서는 기업지배구조를 둘러싼 논란이 끊임없이 발생하고 사회적 이슈가 된다. 특히 대기업을 비판하는 사람들은 대기업의 총수경영체제를 부정하며 각종 규제를 만들고 있다. 과연 그들의 주장처럼 오너경영 방식을 해체해야 할까?

사실 우리나라 대기업에는 재벌 회장으로 불리는 기업의 오너들이 많다. 삼성, 현대자동차, LG, SK 등 국내의 내로라하는 대기업들이 오너경영체제라는 이유로 비판을 받는다. 하지만 대기업의 오너시스템은 성공의 결과이지 부정하거나 파괴해야 하는 것이 아니다.

만약 경영상의 과실이 있다면 처벌받고 책임을 져야 한다. 단, 그 잘못한 것에 한해서만 처벌받고 비판받아야 하지, 단순히 대기업의 오너라는 이유로 무조건 싸잡아 '오너는 나쁘다', '경제를 망친다'는 식의 막무가내 논리로 끌어내리는 것은 결코 옳지 않다.

현재 기업지배구조는 학계에서도 정답을 내놓지 못한 문제다. 오너가 지배하는 경영체제와 전문경영인체제 중 어느 쪽이 더 우월하고 합리적인지 쉽게 판단할 수는 없다. 세상 모든 일이 그러하듯 각각의 장점과 단점이 있기 때문이다. 그래서 어느 쪽이 일방적으로 옳다고 단언할 수 없다. 오직 분명한 사실은 오너경영체제의 기업들이 명실상부 글로벌 대기업으로 자리매김했을 뿐만 아니라 지금도 꾸준히 성장하고 있다는 것이다.

오히려 전문경영인이 운영하는 기업에서 기업가정신의 부재로 파산 혹은 비리 사건이 왕왕 발생하고 있다. 따라서 기업 문제에서는 오너와 전문경영인의 경영제체의 좋고 나쁨을 따져보려면 기업가정신의 발현이라는 맥락에서 접근해야 한다.

스웨덴의 발렌베리Wallenberg 가문은 오너경영을 통해 지금까지 성공적으로 성장해왔다. 통신업체 에릭슨Ericsson 과 발전설비업체 ABB, 가전업체 일렉트로룩스Electrolux, 제약업체 아스트라제네카Astrazeneca 등을 거느리며 세계적으로 성공한 기업으로 손꼽힌다.

　우리나라 삼성전자도 오너경영체제의 장점을 십분 발휘하고 있는 대기업이다. '대한민국은 몰라도 삼성은 안다'는 말이 있을 정도로 삼성의 글로벌 인지도는 대단히 높다. 삼성전자의 경쟁력은 뛰어난 오너십을 중심으로 하는 신속한 의사결정과 일사불란한 조직 체계에 있다. 현재 삼성전자의 오너 중심 지배구조는 가히 독보적인 경쟁력을 자랑하며 국제적인 롤모델로 인정받는다. 많은 해외 기업들이 삼성전자의 조직문화와 지배구조를 부러워하며 본받고자 한다. 그럼에도 불구하고 국내에서는 삼성전자의 오너경영체제를 무조건 비판의 대상으로 삼고 있으니 참으로 아이러니한 일이다.

　오너 시스템에 대한 무차별적인 비판이 난무하면서 오너경영을 무력화하는 각종 규제들도 속속 생겨났다. 순환출자금지와 같은 제도를 통해 기업의 자율성을 지나치게 통제하는 것이 그 예다. 특히 우리나라에서는 대기업의 경영권 안정을 위한 제도가 필요한 시점이지만, 반기업정서가 팽배한 사회 분위기는 이를 결코 인정하려고 하지 않는다. 우리보다 훨씬 잘사는 선진국은 기업의 경영권을 보호해주기 위한 다양한 장치가 있는데, 우리나라는 기업의 경영권을 독려하고 자율성을 확보해주기는커녕 도리어 해체하는 장치들만 넘쳐나고 있다.

오너경영체제의 장점마저 수용하려 하지 않는 사회 분위기는 분명 문제가 있다. 반기업정서가 도를 넘어섰다고 할 수 있다.[27]

사실 기업의 지배구조는 기업 스스로가 결정해야 할 일이다. 소니Sony, 노키아Nokia 같은 글로벌 기업들이 파산 직

● 기업가로 다시 태어나기

전의 위기에 처한 이유가 무엇일까? 우리가 기업의 경쟁력에 대해 관심을 기울여야 할 것은 바로 기업가정신에 대한 문제다. 오너든 전문경영인이든 제대로 된 기업가정신을 갖고 있지 못하다면 반드시 위기가 찾아온다.

기업가정신의 지표는 기업경영의 성과다[28]

기업가정신이 잘 발현되고 있는지를 가장 확실히 보여주는 지표는 '성과'다. 오너든 전문경영인이든 그들의 기업가정신을 평가하는 잣대는 철저하게 '성과'여야 한다. 해당 기업이 시장에서 살아남고 지속적으로 성장할 때, 즉 시장 경쟁에서 성과를 거두어야만 비로소 기업가정신이 발현되었다고 말할 수 있기 때문이다.

애플의 오너라고 할 수 있는 스티브 잡스는 뛰어난 경영 성과로 많은 이에게 호평을 받았다. 그가 재임한 기간(1997~2011년) 동안 애플의 시가총액은 115배가 올랐고, 매출액은 18배로 껑충 뛰었으며, 적자였던 회사가 흑자 전환되었다. 기업이 성장하면서 애플과 함께하는 임직원 수도 2배가 넘게 늘었다. 우리나라 사람들 역시 스티브 잡스의 기업경영 성과에 칭찬을 아끼지 않는다. 스티브 잡스가 보여준 혁신과 창의는 기업가정신의 발현이었다. 그 덕분에 애플은 세계 최고의 글로벌 기업으로 급격히 성장할 수 있었다.

기업가정신의 발현 사례는 국내에도 존재한다. 현대차그룹의 정몽구 회장은 1999년 취임했다. 당시 외환위기의 여파로 국내의 경제 여건은 좋지 않았다. 그럼에도 불구하고 정몽구 회장이 취임한 뒤로 현대차그룹은 가파른 성장세를 기록했다. 1999년부터 2012년까지 현대차그룹의 시가총액은 29배가 상승했다. 매출은 11배나 증가했다. 어떻게 이런 일이 가능했을까? 현대차그룹의 성장에는 적극적인 기술혁신과 해외진출이 큰 몫을 했다. 어려운 시기일수록 도전과 결단을 주저하지 않는 정몽구 회장이 기업가정신을 발휘한 성과이다.

삼성그룹 역시 이건희 회장의 기업가정신과 함께 성장했다. 이건희 회장이 1993년 '신경영 선언'을 할 당시, 삼성그룹의 매출은 29조 원이었다. 20년이 지난 2012년의 삼성그룹은 어떤 모습일까? 임직원 수는 4배가 늘었으며, 매출액은 38배나 증가했다. 시가총액은 무려 327배나 뛰었다. 시가총액을 보면 시장에서 삼성그룹을 어떻게 평가하는지 알 수 있다. 대한민국을 대표하는 기업인 삼성전자는 분기마다 50조 원이 넘는 매출을 기록하고 있다. 실로 엄청나지 않은가?

이처럼 현대차그룹과 삼성그룹은 기업가정신을 십분 발휘한 정몽구 회장, 이건희 회장 덕분에 엄청난 성과를 거두며 가파르게 성장할 수 있었다. 비단 두 회장만이 아니라 우리나라 기업계에서는 오너들의 기업가정신으로 경제성장을 이뤄낸 사례를 많이 찾아볼 수 있다.

오너 일가가 지배하는 기업들의 경영성과는 통계자료를 통해서도 확인이 가능하다. 일반 기업들보다 오너가 존재하는 가족 기업들이 고용창출능력, 매출 성장률이나 이익률에 있어 평균적으로 더 높게 나타난다. 기업의 가치를 평가하는 주가 상승률 역시 가족 기업들이 더 높다.

오너 일가의 경영 참여가 오히려 리스크로 지목되며 성과 또한 평가 절하되는 국내의 반기업적인 인식과는 큰 차이가 있지 않은가? 더군다나 대기업 비판론자들은 오너지배의 경영 구조가 한국에만 있다는 터무니없는 주장도 하

가족기업 vs. 일반기업의 경영성과 비교

구분		가족기업	일반기업	가족기업	일반기업
				(영국 제외 시)	
2007년 평균	종업원 수	825명	941명	847명	871명
	부가가치(천 달러)	68,193	130,835	71,872	100,729
	자기자본이익률(ROE)	25%	20%	26%	16%
2005년 대비 2007년	부가가치 성장률	21.5%	14.9%	19.0%	13.0%
	매출액 성장률	20.0%	17.0%	19.1%	11.7%
	신규 일자리 수	92명	46명	102명	39명

조사 시기 및 대상: '05~'07년, 프랑스, 영국, 이탈리아, 스페인, 독일 근로자 수 250~5,000명의 3만 4,416개 기업

자료: Ernst&Young(2010), 'Flexible, focused and forward-looking. How a distinctive business approach is sustaining family firms through the downturn' p.4

고 있다.

선진국이 많은 서유럽에도 오너지배기업이 일반적인 기업 방식으로 존재한다. Faccio&Lang의 2002년 연구를 살펴보자. 서유럽 13개국의 상장사 5,232개사의 소유 현황을 분석한 연구 결과에 따르면, 오너 일가가 경영에 참여하는 가족지배기업이 50%를 넘는 국가가 5곳이나 된다. 프랑스의 경우는 가족지배기업의 비율이 64.8%에 달하며, 독일 역시 64.2%다. 2011년《포브스Forbes》11월호에 실린 자료를 보면 중국도 비슷하다는 사실을 확인할 수 있다. 중국 증시에 상장된 가족지배기업은 460개로 민영상장기업의 32.68%를 차지한다.

자, 이래도 오너가 지배한다는 이유만으로 경영 성과나 기업의 가치를 평가 절하할 수 있겠나. 실제로 오너가 경영하는 기업은 다양한 장점을 갖는다. 장기적 안목에서의 경영계획 수립, 신속한 의사결정, 고용구조 안정화, 책임경영 도모, 주주 가치의 실질적 확보, 위기 상항에서의 구심점 기능, 이해관계자와의 장기적이고 협력적인 거래 관계, 대리인 문제 해결 등등 모두 기업의 오너가 기업가정신을 더 활발히 펼칠 수 있기에 가능한 일이다.

단언컨대 기업의 발전은 기업가정신을 기반으로 한다. 우리는 지금까지 기업가정신이 오너에게서 더 크게 발현되는 경우를 많이 경험했다. 그리고 오너경영체제하에서 기업가정신을 평가할 수 있는 가장 객관적인 지표인 기업 경영 성과가 우수했음을 확인하기도 했다. 그럼에도 불구하고 여전히 오너가 존재한다는 이유만으로 기업이 리스크를 안고 있다고 주장할 수 있겠는가? 이러한 터무니없는 주장으로 기업가를 매도하는 일이 더 이상 없어야 할 것이다.

상속세,
기업을 위협하다

왜곡된 상속세가 기업을 힘들게 한다

2014년 3월, 바이더웨이Buy the Way가 호텔롯데의 주식을 경영권 프리미엄 30%를 얹어주고 인수했다. 경영권 프리미엄이란 기업의 경영과 관련한 영향력 등 수치화할 수 없는 요소들의 가치를 의미한다. 바이더웨이가 인수한 지분은 불과 '0.55%'에 불과하고, 호텔롯데는 비상장사로 바이더웨이가 딱히 영향력을 행사할 일이 없음에도 불구하고 경영권 프리미엄으로 30%의 할증률이 적용됐다.

현행 상속세 및 증여세법에 따라 무조건 할증률을 적용해야만 하기 때문이다. 지배지분의 전량매각이 아니라 소액지분의 매각 시에도 할증률은 동일하게 적용된다. 이러한 할증률에 대해 세법 전문가는 문제가 있다고 지적한다. 실제 행사할 수 있는 지배력이 없음에도 할증이 적용된다는 말이다.[29]

2000년대 들어서면서 상속과세에 대한 폐지론이 활발하게 논의되고 있다. 종전에는 상속과세가 부를 분산시키는 정책효과 측면에서 강조되었다. 하지만 지금은 오히려 상속과세는 소득과세와의 관계에서 이중과세이고, 저축과 투자 그리고 생산활동에 부정적인 영향을 미치면서 부를 분산시키지 못한다는 비판을 받고 있다.

상속과세를 폐지하자는 주장은 이미 오래전부터 학계와 조세를 다루는 연구소들을 중심으로 그 논의가 제기돼 왔다. 또 많은 나라가 상속세 폐지를 실행하고 있다. 1972년에는 캐나다에서 세계 최초로 유산과세형 상속세인 연방자본이전세를 폐지하고 세제 개혁을 단행했다. 호주는 1977년에 상속과세를 점진적으로 폐지하기 시작했다. 뉴질랜드의 경우도 1992년 이후 사망자부터는 상속세를 폐지하기로 했다.[30] 이 외에도 상속세를 폐지하거나 관련 조세를 개혁하는 나라가 많다. 미국은 물론 유럽도 이러한 추세에 있다.

역사적으로 세금은 항상 정치적 영향을 받으며 생기고 또 사라진다. 그만큼 정치적 왜곡에서 자유롭지 못하며 파급효과를 예측하기도 어렵다. 그중 우리나라의 상속세는 정치적 왜곡이 가장 심한 조세 중 하나다. 인기를 얻기 위해 정치인들은 선거 때마다 상속세 강화를 외치며 국민들의 심리를 자극한다.

이러한 천민민주주의 속성으로 인해 우리나라의 상속세 기준은 점차 강화되어 왔다. 이에 따라 상속하고자 하는 사람들의 고통은 커졌지만 사회적 이득은 없었다. 상속세 본연의 목적은 달성하지도 못한 채 마녀사냥의 무기로 사용된 셈이다. 정치적 왜곡이 가해질수록 상속세의 부작용은 커졌다. 또한 기업상속에 가해지는 징벌적인 상속세 부담은 기업의 투자를 억누르고 기업가가 사업하고자 하는 의욕을 없앴다. 이것은 기업 경영권 안정에도 위협을 주었다.

사회적 관점에서 상속세의 부작용은 경제성장에 부정적 영향을 끼친다는 점이다. 특히, 가업형 중소기업의 경우 높은 상속세율로 인해 중소기업을 승계하지 않고 폐업함으로써, 많은 일자리가 사라지는 일도 발생한다. 이러한 이유로 선진국의 경우, 경영권방어에 상속세가 너무 큰 부담이 되므로 상속세 폐지까지 추진하는 등 상속세제의 근본적 개선안을 마련하고 있다.[31]

잘못은 바로잡아야 한다[32]

손톱깎이가 없는 집이 있을까? 손톱깎이는 아주 사소해 보이지만 우리 일상생활에 없어서는 안되는 필수품이다. 이 작은 생활필수품으로 한때 세계를 제패했던 기업이 바로 '쓰리쎄븐THREE SEVEN'이다. 쓰리쎄븐은 손톱깎이로 30년 이상 세계시장에서 강세를 보였고, 수출 비중이 전체 매출의 90%를 차지할 정도였다. 1995년에는 쓰리쎄븐이란 상표를 놓고 미국의 항공기 제조업체인 보잉Boeing 사와 상표권 분쟁을 벌였고 끝내 이겼다. 그만큼 쓰리쎄븐은 세계에서 인정받는 글로벌 강소기업이었다.

하지만 안타깝게도 쓰리쎄븐의 영광은 현재진행형이 아니라 과거형으로 종결되고 말았다. 그 이유는 상속세 문제였다. 2008년, 창업주인 김형규 회장이 갑자기 사망하면서 기업의 존속이 크게 위협받게 되었다. 상속법에 따라 증여자가 5년 안에 사망하면 증여는 상속으로 간주되기 때문이다. 2006년 가족과 임직원들에게 증여한 370억 원이 넘는 주식이 김형규 회장의 죽음으로 졸지에 '상속'이 되어버렸다. 당시 증여를 받은 사람들이 내야 하는 상속세는 약 150억 원에 달했다. 너무나도 어이없는 일이지만 유족들은 상속세를 내기 위해 회사를 매각해야 했다. 상속세의 덫이 경영권은 물론이고 회사의 존립 자체를 불가능하게 만든 셈이었다. 그렇게 글로벌 강소기업 쓰리쎄븐의 영광은 막을 내리고 말았다.

상속세만큼 정의롭지 못하고 해악이 큰 세금을 찾기도 쉽지 않다. 사람이라면 누구나 자식을 위해 부를 이루고 또 물려주고 싶어 한다. 이런 기본적인 인간의 본성에 반하는 세금이 바로 상속세다. 자식이 혹은 후계자가 더 나은 삶을 살도록 배려하는 마음은 인류가 발전해온 원동력이었다. 넉넉한 살림, 건실한 일감, 살기 좋은 환경, 풍요로운 삶을 만들어가는 것은 자신만을 위한 것이 아니기 때문이다. 이처럼 미래 세대를 생각하는 건강한 삶을 사는 사람들에게 상속세는 남기지 말고 다 써버리라고 강요하고 있는 것이다.

상속세는 열심히 일해 무언가를 남기려는 사람에게 벌을 주는 세금이다. 특히 부를 일궈낸 사람에게 가혹한 누진세를 적용하는 징벌적 과세다. 이런 세금은 자연히 사회활력을 없애고 사회 구성원의 소득을 줄이게 마련이며, 그 사회의 생산성을 결정짓는 자본의 형성을 방해한다.

인류의 진보 과정에 암적 요소가 되는 이런 모순된 제도가 과거에도 있었을까. 사실 상속세가 처음부터 자식에게 부를 넘기지 못하게 만드는 수단이었던 것은 아니다. 사회주의의 영향으로 인류가 자본을 형성하고 물려주는 보편적 행위(상속)는 탄압의 대상이 되었다. 당장 소비하는 것이 장려되고 가족은 해체되었으며, 미래 세대에게 빚을 물려주는 것이 보편적 현상으로 자리 잡게 되었다.

부를 자식에게 넘겨주는 것은 사실 누구에게도 피해를 주지 않는다. 오히려 사회적으로 바람직한 일이다. 누구나 자식에 대한 교육열을 갖고 있는 것을 보면, 가진 것을 자식에게 물려주고 싶은 사람의 심성이 변하지 않았음을 알 수 있다. 하지만 문제는 부자에게는 이를 예외로 하고 싶은 사람들의 시기심인 것이다. 부자들의 재산은 몰수해도 좋다는 사회주의 심리가 지배하는 사회에서 부자들은 착취의 대상이 되고 그 재산은 강탈의 대상이 된다. 하지만 거둬들인 상속세가 클 리가 없다. 어느 나라에서나 상속세는 거두는 비용이 더 큰 세금이다. 만약 상속세 때문에 경제행위가 왜곡되는 비용까지 계산한다면 그 사회적 폐해는 엄청나다.

이처럼 얼마 안 되는 세금을 걷기 위해 우리의 삶의 터전을 파괴하는 상속세를 그대로 유지할 필요가 있을까. 많은 나라들이 상속세를 폐지하거나 세율을 낮추고 있는 세계적 흐름에서 우리나라가 벗어나 있는 것은 자본주의 비판 세력이 우리 사회정체성을 흔들고 있기 때문이다. 그들은 개방된 사회의 장점을 무력화시키며 반자본주의 운동을 펼친다. 상징적인 스캔들을 만들어 대중을 현혹시킨 다음, 시장경제의 근간을 무너뜨려 사회주의제도를 만드는 디딤돌로 삼는다. 우리 사회의 진보를 가로막는 상속세를 이제는 폐지할 때가 되었다. 부자도 부를 상속할 수 있는 합법적 길을 터주는 것이 현명하고 모두를 이롭게 만드는 해결책이다. 자유로운 증여와 상속은 개인의 당연한 권리이며, 우리 사회의 역동성을 보장하는 기본원리다.

후계자 양성도
기업가의 몫이다

투자하고 투자하고 투자한다

투자 수익률 300,000%! 3,000배!

남다른 선견지명으로 투자계에서 초대박 신화를 쓴 인물이 있다. 바로 재일교포 3세 기업인인 일본 소프트뱅크 Softbank의 손정의 회장이다. 중국 최대 전자상거래 업체인 알리바바Alibaba가 미국 증시에 상장되자 덩달아 손정의 회장도 전 세계 언론의 스포트라이트를 받았다. 알리바바의 상장으로 손정의 회장이 이끄는 소프트뱅크가 알리바바에 투자했던 2천만 달러(약 205억 원)가 747억 달러(약 77조 9천억 원)로 불어났다. 손정의 회장은 개인 재산 평가액이 166억 달러를 기록하며 순식간에 일본 최고의 부자가 됐다. 손정의 회장의 알리바바 투자를 '신의 한 수'라고 부르는 이들이 많다. 하지만 만약 우리가 손정의 회장이었다면 알리바바에 선뜻 투자했을지는 미지수다. 당신이라면 무엇을 믿고 관광가이드였던 사내가 이제 막 창업한 전자상거래 업체에 투자하겠는가? 실제 마윈馬雲 회장은 알리바바를 창업하기 전 중국 정부기관의 관광가이드로 일했다.

마윈 회장은 관광가이드 일을 하다 중국에 관광 온 야후의 창업자인 제리 양Jerry Yang을 만났다. 이 인연으로 제리 양은 손정의 회장과 마윈에게 만남의 자리를 마련했다. 이때는 마윈이 알리바바를 창업한 지 이제 갓 1년이 지난 2000년의 일이었다. 마윈의 사업 아이디어가 마음에 들었던 손정의 회장은 2천만 달러라는 거액을 기꺼이 투자했다. 소프트뱅크가 알리바바의 지분율 34.4%를 보유하며 최대주주가 되는 순간이었다. 알리바바가 상장하는 날, 모든 언론의 관심이 손정의 회장과 소프트뱅크에 쏠리는 건 당연한 일이었다.

하지만 손 회장의 투자 철학은 일반인들이 가히 상상하기 힘들 정도다. 그는 소프트뱅크 그룹 안에 실리콘밸리와 맞먹는 첨단기술 생태계를 조성하겠다는 목표를 가지고 기업에 투자해왔다. 손정의 회장이 투자한 인터넷·모바일 업체만 1,300여 곳에 달한다. 또한 손 회장의 투자는 기업에만 국한되지 않는다. 체계적인 후계자 양성을 위해 2010년 '소프트뱅크 아카데미'를 설립했다. 총 정원 300명인 소프트뱅크 아카데미는 '손정의2.0'을 만드는 것을 목표로 하고 있다. 간단히 말하면 손정의 회장 대신 소프트뱅크를 이끌어갈 차세대 최고경영자CEO를 길러내겠다는 의미다.

소프트뱅크 아카데미는 '소프트뱅크 DNA'를 지닌 후계자 양성이 목표다. 손정의 회장은 소프트뱅크 아카데미를 통해 체계적으로 자신의 기업가정신을 대물림하고 있다. 잘 갖춰진 시스템으로 양질의 인재를 길러내고 있는 셈이다. 소프트뱅크 아카데미에는 소프트뱅크의 직원뿐 아니라 그 누구나 지원이 가능하다. 국적, 인종, 성별 등은 따지지 않는다. 물론 수강생들이 모두 소프트뱅크를 위해 일하지는 않을 것이다. 하지만 적어도 손정의 회장의 기업가정신은 자신이 길러낸 후계자들의 기업가정신 속에 스며들어 이어질 것이다.

2010년 소프트뱅크의 제30회 정기주주총회 자리에서 손정의 회장은 '소프트뱅크 신新 30년 비전'을 발표했다. 그의 비전은 '세계 Top10 기업, 그리고 계열사 5,000개'였다. 너무도 추상적인 손정의 회장의 비전은 주주들의 비웃음을 샀다. 주주들에게는 당장의 구체적인 실행계획이 눈에 보이지 않기 때문이었다.

하지만 '소프트뱅크 신新 30년 비전'의 핵심에는 '소프트뱅크 아카데미'가 있다. 뛰어난 기업가정신으로 무장한 후계자를 길러내는 일! 손정의 회장에게는 그 일이 바로 소프트뱅크를 지속적이고 폭발적으로 성장시킬 수 있는 방법인 셈이다.

기업가 DNA를 일깨워라

당신이 면접에 들어갔을 때, 앞에 관상가가 앉아 있다면 어떤 기분일까? 반대로 관상가를 불러서까지 직원 채용에 고심했던 이는 누구일까?

그는 바로 삼성그룹의 창업주인 이병철 회장이다. 인성평가의 방법으로 관상면접을 한 셈이다. 물론 공식적으로 확인된 내용은 아니지만, 기업과 인재양성의 측면에서 큰 의미가 있는 이야기다. 자신이 원하는 인재를 키우고 양성하는 일은 결국 자신의 기업가정신과 부합하는 이들과 함께 일하고자 함이다. 그런 면에서 이병철 회장은 인재에 대한 확실한 경영철학을 가지고 있었다. 이병철 회장은 1980년 전국경제인연합회에서 이렇게 말했다.

"내 일생의 80%는 인재를 모으고 교육시키는 데 시간을 보냈다."

훌륭한 인재를 키워내는 것이 기업인의 사회적 책임이라고 생각한 것이다. 이병철 회장이 자신의 생각을 실천으로 옮기는 매 순간, 자연스럽게 자신의 기업가정신을 공유하고 발전시킬 후계자를 양성하고 있었던 셈이다. 이러한 인재의 중요성을 실제 기업문화에도 적용했다. 인재경영의 실천을 위해 1957년 국내에서는 최초로 공개채용제도를 도입했다. 뿐만 아니라 체계적인 직원교육을 위해 사원연수원도 설립했다. 이병철 회장은 삼성그룹을 이끌며 바쁜 일정을 소화하면서도 신입사원 면접을 빠지지 않고 직접 챙겼다. 즉, '기업은 사람'이라는 자신의 경영이념을 몸으로 실천해 보인 것이다.

인재에 대한 투자는 결국 삼성을 세계 초일류 기업으

로 만드는 밑거름이 됐다. 이러한 인재 사랑은 이병철 회장의 후계자인 이건희 회장에게도 고스란히 이어졌다. '사람이 전부다'라고 말할 정도로 이건희 회장 역시 뛰어난 인재를 발굴하고 키워내기 위해 노력했다. 글로벌 기업으로 성장한 삼성의 저력은 바로 인재였다. 그리고 이병철 회장과 이건희 회장이 만들고 유지한 인재 제일의 시스템은 자연스럽게 뛰어난 기업가들을 배출했다.

사회 곳곳에서 삼성 출신의 인재들이 뛰어난 성과를 보이고 있다. 오너들의 기업가정신이 담겨 있는 삼성만의 특

화 시스템이 성과를 내는 것이다. 외환위기 이후 일반 기업 뿐 아니라 공무원들도 삼성을 벤치마킹할 정도였다. 비단 삼성만의 이야기는 아니다. 국내 굴지의 기업들 대부분이 창업부터 자신들의 명확한 DNA를 가지고 있다.

LG의 경우 창립자인 구인회 회장의 '인화人和'를 기업의 DNA로 유지하고 있다. 인화란 여러 사람이 서로 화합한다는 뜻이다. 비즈니스에 화합을 결합해 인화경영을 실현했다. 구인회 회장은 사람을 귀하게 여기고, 인연 속에서 기회를 만든 기업가다. 자신만의 기업가정신이 LG의 문화에 녹아든 것이다. 실제로 LG그룹은 다른 그룹들과 달리 분란이 없다. 2005년 LG와 GS가 분리될 때도 잡음 없이 기업 분리가 돼, 좋은 선례를 남기기도 했다. 이 모든 것이 '인화'로 대표되는 기업가정신의 DNA가 이어졌기 때문이다.

오랫동안 살아남고 크게 성장한 기업들은 각자의 시스템 속에서 서로의 기업가정신을 공유하며 발전시켜 나가고 있다. 사람은 자식을 낳고 기르며 자신의 생각과 사상 그리고 유전자를 후대에 전달한다. 기업가 역시 마찬가지다. 기업을 일으켜 세우고 성장시켜 가는 과정 속에서 자연스레 자신의 기업가정신이 반영된다. 그렇게 반영된 기업가정신은 새로운 기업가를 키워내는 좋은 양분이 된다. 좋은 기업가정신은 또다시 기업가정신으로 무장된 새로운 기업가를 만들어낸다. 성공한 기업은 좋은 기업가정신이 녹아든 조직 분위기와 시스템을 갖추고 있다. 기업의 좋은 시스템은 뛰어난 인재를 많이 배출시키고 더 많은 이들이 기업가정신을 널리 펼칠 수 있게 한다.

기업가에게 있어서 자신의 기업가정신을 이어받을 후계자를 양성하는 일은, 일류가 종족을 보전해온 것과 크게 다르지 않은 듯하다. 미래를 이끌어갈 뛰어난 후계자를 키워내는 일도 기업가의 몫이다.

기업가정신을 고취시켜야
경제가 산다

우리나라 경제성장의 원동력, 기업가정신

우리나라 경제성장 및 산업발전의 과정은 기업가정신의 발현과 함께했다. 1945년 광복을 맞이하고, 1953년 6·25전쟁을 겪은 우리나라는 가히 세계 최악이라고 해도 될 만큼 빈민국이었다. 6·25전쟁 당시 UN군 사령관이었던 맥아더Douglas MacArthur 장군의 말은 우리나라의 참혹했던 상황을 잘 대변해준다.

"대한민국이 전쟁에서 회복되려면 최소한 100년은 걸릴 것이다."

맥아더 장군뿐 아니라 당시 우리나라의 모습을 본 이들은 모두가 같은 생각이었다. 종군기자로 우리나라를 방문했던 영국의 《타임The Times》지 기자 역시 한국의 미래를 절망적으로 봤다.

"대한민국에서 민주주의의 꽃이 핀다는 것은 쓰레기통에서 장미가 피어나길 바라는 것과 같다."

1960년대 우리 경제 수준은 아시아에서도 하위권으로 필리핀을 동경의 대상으로 여길 정도였다. 당시 필리핀은 1인당 GDP가 260.2달러였고, 우리나라는 91.6달러였다. 1인당 GDP 수치만으로도 필리핀은 우리나라보다 약 3배 정도 잘살았다. 1961년의 필리핀은 우리에게 선진국이었던 셈이다.

하지만 50년이 지난 현재는 어떤가? 우리나라와 필리핀의 경제적 지위가 완벽히 뒤바뀌었다. 현재 우리나라의 1인당 GDP가 필리핀보다 10배가량 높다. 지금은 도리어 필리핀이 우리나라를 부러워하게 되었다.

50년 전만 해도 산업 인프라, 자본, 기술, 경험 하나 없이 저개발 농업국에 불과했던 작은 나라 대한민국. 하지만 고작 반세기 만에 철강, 정유·화학, 기계, 자동차, 조선, 전기·전자 등 대부분의 제조업 분야에서 세계적인 수준으로 올라서며 선진 공업국으로 거듭났다.

이처럼 우리나라가 세계에서 유례가 없을 정도로 단기간 내 폭발적인 경제성장을 달성할 수 있었던 데에는 이유가 있다. 시장경제원리에 부합하는 경쟁 촉진적 국정운영이 경제환경을 개선했기 때문이다. 여기에 창업 1세대의 기업가정신이 더해지면서 폭발적인 시너지 효과를 발휘했다. 그 덕분에 인적 자원 외에는 아무것도 가진 것이 없던 우리나라가 강력한 국제경쟁력을 갖추며 선진 공업국으로 도약할 수 있었던 것이다.

사실상 우리나라 굴지의 대기업들이 지나온 역사는 기업가정신의 역사라고 해도 무방하다. 창업 1세대 기업가들은 막강한 산업 인프라와 자본, 기술을 가진 글로벌 기업들도 쉽게 하지 못한 대규모 투자를 무모하다 싶을 정도의 도전정신으로 감행했다. 불모지에 가까운 경제 여건 속에서도 좌절하지 않고 혁신적인 발상과 불굴의 의지로 온갖 시련을 극복한 결과물이 지금의 우리나라 대기업이다. 삼성, 현대, LG, SK, 포스코 등이 오늘날 글로벌 대기업으로 성장할 수 있었던 원동력은 창업 1세대들의 기업가정신이었다. 국내외 경영학계도 우리나라의 창업 1세대의 기업가정신을 높이 평가하고 연구대상으로 주목하고 있다.

창업 1세대의 기업가정신이 발현된 이후, 우리 경제는 어느 정도 확충된 생산요소를 가지게 되었고, 이는 급격한 경제성장으로 이어졌다. 그리고 2세대 기업가들이 이를 이어받아 20세기 후반 우리 경제는 대기업을 중심으로 선진국을 추격하기 시작했다. 결과는 대성공! 세계 10위권의 경제 대국으로 성장했다.

우리나라가 지속적이며 급격한 경제성장을 이룰 수 있었던 또 다른 배경은 긍정적인 사고와 자본주의에 우호적인 사회경제 생태계다. 전쟁 직후만 해도 모두 폐허 속에서 살아남겠다는 생존욕구만이 강렬했던 시기였다. 이 생존 욕구를 성취 욕구로 바꾼 것이 1960년대의 정책적 인센티브였다. '잘살아보세'로 대변되는 슬로건하에 열심히 노력하면 현재의 상태를 개선하고 더 나은 미래를 실현할 수 있다는 보편적 믿음이 사회 전반에 뿌리내렸다. 즉 성취욕과 성공체험의 선순환을 통해 기업가정신이 발현될 수 있는 환경이 조성됐던 것이다. 높은 성취욕이 기업가정신을 발현시키고, 이 기업가정신을 바탕으로 과감히 도전하고 성공적인 결과물을 얻는 과정에서 긍정적인 피드백 사이클이 가속화됐다. 그 결과가 바로 전 세계가 놀란 대한민국의 눈부신 경제성장 과정이다.

반기업정서가 부른 기업가정신의 침체[33]

1980년대 후반이 되면서 우리나라 경제는 점차 침체 국면에 빠졌다. 사회 환경은 점차 위험을 감수하지 않으려는 쪽으로 기울어졌고, 자연스레 기업가정신의 발현도 줄어들어 경제성장의 동력이 사라졌다. 우리나라 경제성장을 이끌던 기업가정신의 선순환이 더는 일어나지 않게 된 것이다. 우리 경제의 침체와 함께 기업가정신 역시 침체를 겪게된 이유로는 여러 가지가 있다.

우선 우리나라는 창업 부담이 상당히 높다. 창업에 실패할 경우 개인이 부담해야 할 위험이 높다는 뜻이다. 쉽게 말하면, 사업의 위험은 높지만, 성공의 가능성은 낮다는 말이다. 실제로 많은 기업가들이 회사의 부채가 곧 개인의 부채가 되는 비극을 경험했다.

둘째는 기업하기 어렵다는 인식이 사회에 팽배하게 된 것이다. 반기업정서가 만들어낸 반기업 규제들이 사업하고자 하는 의욕을 크게 저하시켰다.

셋째는 도전정신이 사라졌다는 점이다. 모험과 개척정신은 존중받지 못하고 있다. 현재 우리 사회는 안정적인 직장과 큰 변화가 없는 삶을 선호하며, 기회추구형 창업조차 활성화되지 않고 있다. 그야말로 기업가정신이 위축될 수밖에 없는 사회 환경이 조성된 셈이다.

이 외에도 기업가정신이 침체된 다양한 요인들이 있으리라. 하지만 체념만 할 수는 없다. 점차 사회가 빠르게 변화하고 새로운 산업들이 출현하면서 다양한 기회가 생겨나고 있다. 이제 새롭게 기업가정신을 발현할 시기다. 새로운 경제발전을 이끌어내지 못한다면 우리나라는 뒤처질 수밖에 없다. 누차 강조했다시피 경제성장의 원동력은 시대에 맞는 기업가정신의 발현이다. 그러므로 지금의 기회를 잡아내지 못한다면 우리는 결코 장밋빛 미래를 기약할 수 없다. 아무런 도전도 하지 않는 자에게 성공의 결실을 가져다줄 리 만무하지 않은가.

기업가정신을 살려야 우리도 산다

미국 정부의 통계에 따르면 창업 이후 중견 기업까지 성장하는 데 평균 2.8회의 창업을 한다고 한다. 즉 대략 두 번의 실패를 하고 다시 도전해야 번듯한 기업으로 성장할 수 있다는 말이다. 물론 어디까지나 평균적인 수치이므로 누군가는 더 빨리 성공하기도 하고, 누군가는 더 많은 실패를 경험하기도 할 것이다. 이처럼 한 번이 아니라 여러 번 실패해도 다시 일어설 수 있는 까닭은 실패로 발생하는 비용이 크지 않기 때문이다. 그 유명한 스티브 잡스 역시 미국의 벤처 생태계가 아니었더라면 성공은 꿈도 꾸지 못했을 수 있다. 잡스라고 처음부터 성공하며 승승장구하지는 못했을 테니까 말이다.

기업가정신을 되살리고 활성화하려면 실패에 대한 두려움을 떨쳐낼 수 있는 환경을 조성하는 일이 우선시되어야 한다. 특히 실패로 발생하는 위험을 분담할 제도와 사회적 장치가 절실하다. 그래야 우수한 인력들이 새로운 기회를 찾아 기업가정신을 발휘할 수 있다.

그러나 우리나라의 현실은 어떠한가. 우수한 인력들이

보다 안정적인 직장을 찾는 데에만 혈안이 되어 있다. 개인이 기업가정신을 발휘해 새로운 도전을 할 수 있는 환경이 조성되지 않은 탓이다. 한 번의 실패가 인생의 나락으로 떨어지는 길이라면 어느 누구라도 지레 겁먹고 창업을 포기할 수밖에 없다. 반대로 실패의 위험과 부담을 합리적으로 조절하고 한 번 실패한 기업인들에게도 재도전의 기회가 주어진다면, 우수한 인력들이 앞다투어 창의적이고 혁신적인 기업가정신을 발휘하지 않겠는가.

미국의 실리콘밸리가 그렇다. 수많은 벤처들이 끊임없이 생기고 사라지지만, 그 가운데 살아남은 기업들은 고위험·고수익 구조 속에서 엄청난 성장을 한다. 지금 우리나라 역시 벤처를 활성화시키려는 노력이 시도되고 있다. 벤처 창업에 필요한 자금을 빌려주는 것이 아니라 투자하는 방식으로 기업가의 위험 부담을 줄여주는 정책도 나왔다.

또한, 반기업정서를 해소할 수 있는 방법을 모색하는 것이 시급하다. 반기업정서에 찌든 사회에서 기업가가 기업가정신을 발휘해 기업을 이끌기란 정말 힘든 일이다. 반기업정서는 대기업뿐 아니라 중소기업의 역량도 갉아먹는다. 특히 반기업정서에 의해 만들어진 각종 기업 규제를 해소해야 새로운 혁신기업이 나올 수 있음을 명심해야 한다.

21세기 스마트 기기를 비롯한 다양한 기술들은 우리 삶을 새롭게 변화시키고 있다. 더불어 종전까지의 경제 패러다임이 새로운 패러다임으로 전환되고 있다. 이와 같은 전환기는 위기이자 기회가 된다. 이 시기를 어떻게 보내느냐에 따라 미래가 결정된다. 과거 '하면 된다!'라는 헝그리 정신으로 발현된 기업가정신이 궁핍한 삶을 풍요롭게 바꾸어 놓았다면, 이제는 지금까지 축적된 경험과 자산을 기반으로 창의와 혁신 중심의 새로운 기업가정신으로 시장을 선도해야 한다. 모험과 도전 정신이 사회에 흘러넘치고, 생각과 방법의 창의성이 유연하게 수용되다 보면 혁신의 기업가정신이 꽃피어날 것이다.[34] 단언컨대, 기업가정신 없이는 우리 경제의 발전도 없으며 미래도 없다.

당신이 브랜드다

어느 분야에서든 고수가 된다면 성공의 열쇠를 거머쥔 셈이나 마찬가지다.
성공의 필수 조건은 고학력도, 화려한 스펙도 아니다. 자신의 분야에서
독보적인 능력을 갖춘 고수가 되는 것이 진정한 성공의 조건이다.

낙관론은
필요하다

비가 내려도 해가 떠도 즐거운 어머니

전래동화 가운데 『우산 장수와 짚신 장수』라는 이야기가 있다. 옛날에 두 아들을 둔 어머니가 있었다. 한 아들은 우산 장수이고, 다른 아들은 짚신 장수였다. 어머니는 날이면 날마다 가시방석이었다. 해가 쨍쨍한 날에는 우산이 팔리지 않아 걱정이고, 비가 오는 날에는 짚신이 팔리지 않아 걱정이었기 때문이다.

"어째, 오늘은 날씨가 좋아서 첫째네 우산이 안 팔리겠네!"

"아이고, 비가 오니 둘째가 짚신을 팔지 못할 텐데 이를 어쩜 좋을꼬."

어머니는 맑은 날 해가 떠도 한숨을 쉬고, 흐린 날 비가 내려도 한숨을 쉬었다. 자연히 어머니는 웃는 날이 없었고, 늘 근심 걱정으로 가득한 얼굴에는 깊은 주름살만 늘어갔다.

그러던 어느 날이었다. 어머니는 늘 그랬듯 아들 걱정으로 한숨을 푹푹 내쉬고 있었다. 그 모습을 본 이웃 사람이 어머니에게 말했다.

"아니, 아주머니 무슨 일 있으세요? 왜 그렇게 한숨만 쉬고 계세요?"

어머니는 울상을 지으며 대답했다.

"오늘은 날씨가 맑아서 첫째가 우산을 하나도 못 팔 테니까요. 그 생각을 하면 마음이 아파서 한숨이 절로 나오네요."

"아, 그래요? 걱정하지 마세요. 오후에 비 소식이 있다고 했으니까요."

"이걸 어쩌나. 비가 오면 우리 둘째가 짚신을 팔 수 없는데…. 아이고, 둘째가 불쌍해서 어떡하나."

어머니는 울음을 터트리기 일보 직전인 얼굴을 하고 있었다. 그 모습을 본 이웃 사람이 안타까워하며 이렇게 말했다.

"별 걱정을 다 하십니다. 생각을 바꿔서 해보세요. 비가 주룩주룩 내리면 우산이 날개 돋친 듯 팔려서 첫째가 얼마나 좋겠어요. 반대로 해가 쨍쨍 내리쬐면 짚신이 잘 팔릴 테니 둘째가 아주 신나겠지요. 비가 오는 날에는 첫째를 생각하며 기뻐하고, 해가 뜬 날에는 둘째를 생각하며 기뻐하면 날마다 행복하지 않겠어요?"

그제야 어머니는 무릎을 탁 쳤다.

"아, 듣고 보니 정말 그렇군요!"

그 뒤로 어머니는 이웃 사람이 말한 대로 비 오는 날에는 첫째를, 맑은 날에는 둘째를 생각하며 기뻐했다.

"오늘은 아침부터 비가 내리니까 첫째네 우산 장사가 아주 잘 될 거야. 비야, 비야, 더 많이 오너라!"

"오늘은 햇볕이 정말 좋구나. 둘째네 짚신이 잘 팔리겠어. 둘째가 얼마나 신났을까?"

이처럼 어머니는 생각을 바꾼 덕분에 비가 오면 오는 대로, 해가 뜨면 뜨는 대로 늘 즐겁고 행복하게 살 수 있었다. 우리 삶도 마찬가지다. 살다 보면 해가 뜨는 날도, 비가 오는 날도 있다. 언제나 좋은 일만 있을 수는 없지만, 그렇다고 늘 나쁜 일만 있지도 않다. 그렇기에 나쁜 일이 생겼다고 해서 성급하게 비관하고 절망할 필요는 없다. 이야기 속 어머니처럼 똑같은 날씨라도 생각하기에 따라 얼마든지 기쁘게도, 힘들게도 받아들일 수 있기 때문이다. 중요한 것은 자신의 마음가짐이다. 똑같은 일이라도 행복하게 느끼느냐, 불행하게 느끼느냐는 결국 자신이 어떻게 마음먹느냐에 달렸으니 말이다.

인생지사 새옹지마, 노인이 위기에도 의연했던 까닭은?

'인생지사 새옹지마人生之事 塞翁之馬'라는 말이 있다. 직역하면 인생의 일은 변두리 늙은이의 말이라는 뜻이다. 어째서 인생의 일이 변두리 늙은이의 말이라고 하는 걸까? 여기에는 다음과 같은 일화가 전해져 내려온다.

옛날, 어느 시골 마을에 한 노인이 살았다. 하루는 노인이 아끼는 말 한 필이 온데간데없이 사라져버렸다. 여느 사람이라면 발을 동동 구르며 사방팔방 말을 찾으러 뛰어다녔을 법도 한데, 노인은 달랐다. 아무렇지 않은 듯 묵묵하게 자기 할 일을 하는 게 아닌가. 그러고 얼마나 시간이 흘렀을까. 노인의 집 밖에서 말 울음소리가 들렸다.

"히히잉! 히히잉!"

노인이 바깥으로 나가 보니 사라졌던 말이 어린 망아지를 데리고 문 앞에 와 있었다. 이 사실을 안 마을 사람들은 말 한 필이 두 필 되어 왔으니 좋겠다며 야단법석을 떨었다.

"노인장께서는 정말 좋으시겠어요! 앉아서 말을 두 마리로 불린 셈이니까요, 호호!"

하지만 노인은 어두운 표정으로 고개를 절레절레 저었다.

"겉보기에는 그럴 수 있으나 사실 그다지 좋은 일이 아니라오."

마을 사람들은 영문을 몰라 어리둥절했지만, 노인은 더 이상 말을 하지 않고 입을 굳게 다물었다. 또다시 한참의 시간이 흘렀다. 그동안 어린 망아지는 무럭무럭 자라서 이제 제법 어른 티가 물씬 풍겼다.

하루는 노인의 아들이 망아지를 타고 밖으로 나갔다. 그런데 이게 웬일인가! 망아지를 타고 신나게 달리던 아들이 그만 낙마를 하고 만 것이다. 노인의 아들은 다행히 목숨을 건지기는 했지만 다리가 부러져서 절름발이가 되었다. 이 사실은 곧 온 마을에 퍼졌고, 마을 사람들은 안타까운 목소리로 노인에게 위로의 말을 건넸다.

"아드님이 크게 다치셨으니, 얼마나 상심이 크시겠습니까."

"괜찮소. 비록 아들이 다치기는 했으나 꼭 슬퍼해야 할 일이 아닐지도 모른다오."

노인은 아들의 다친 다리를 바라보며 덤덤하게 이야기했다. 마을 사람들은 노인의 덤덤한 태도를 도무지 이해할 수 없다며 고개를 갸웃거렸다.

그런 일이 있고 나서 일 년쯤 지났을 때였다. 큰 전쟁이 발발하여 온 나라 젊은이들이 강제로 전쟁에 끌려 나가게 되었다. 노인의 마을도 마찬가지였다. 느닷없이 장성한 아들들을 전쟁터로 빼앗기게 된 부모들은 하늘이 무너져라 오열했다. 오로지 노인네만이 예외였다. 노인의 아들은 이미 다리를 다쳐 걸을 수 없었기에 강제 징집 대상에서 빠졌고, 그 덕분에 전쟁의 화마를 피할 수 있었다.

이제 '인생지사 새옹지마'의 뜻을 이해할 수 있으리라. 사람이 살아가다 보면 온갖 일이 변화무쌍하게 일어난다. 그러므로 인생의 길흉화복을 예측할 수 없다. 당장에는 호재로 보여도 상상을 초월하는 파국으로 치달을 수도 있고, 그 반대일 수도 있기 때문이다. 따라서 호재든 위기든 항상 유연하게 대처하며 나쁜 결과를 최소화하고 좋은 결과를 최대한 이끌어내는 노력이 필요하다. 특히 사람은 좋은 일보다 나쁜 일을 겪을 때 마음이 무너지기 쉽다. 그러므로 나쁜 일이 생길수록 당장 눈앞의 위기에 절망하고 체념하기보다는 더 멀리 내다보며 스스로를 다독이는 긍정적인 마음가짐이 필요하다. 그래야 위기를 극복하고, 새로운 기회를 포착하여 희망과 진보의 미래로 나아갈 수 있기 때문이다. 영국의 전 수상 윈스턴 처칠Winston Churchill도 말하지 않았는가.

"비관주의자는 모든 기회에서 위험을 보고, 낙관주의자는 모든 위기에서 기회를 본다."

지금까지 역사상 위대한 기업가들은 모두 낙관론자였다. 아무리 힘들고 어려운 고난과 위기가 닥치더라도 낙관과 의지로 돌파했고, 끝내는 혁신을 이룩해냈다.

사막의 밤을 밝힌 뚝심

1975년 여름, 박정희 대통령은 당시 현대건설의 정주영 회장을 급하게 호출했다. 정주영 회장은 한달음에 청와대로 달려가 박정희 대통령을 대면했다. 박정희 대통령은 사뭇 진지한 목소리로 정주영 회장에게 말했다.

"달러를 벌어들일 기회가 왔는데, 서로 일하지 않겠다 하니… 이를 어쩌면 좋겠소?"

"무슨 말씀이신가요?"

"1973년 석유파동으로 석유 값이 많이 올랐지 않소? 그래서 지금 중동 국가들이 주체하지 못할 만큼의 오일달러를 쥐고 있는데, 그 돈으로 사회 인프라를 건설하고 싶다는 구려. 하지만 워낙 기후가 덥고 물이 부족해서 선뜻 중동으로 가겠다는 나라가 없다고 하오."

박정희 대통령의 말에 정주영 회장은 서슴없이 대답했다.

"제가 오늘 당장 중동에 가 보겠습니다."

그 길로 정주영 회장은 청와대에서 나와 중동으로 현지답사를 떠났다. 그리고 5일 만에 다시 청와대로 돌아와 박정희 대통령을 만났다. 박정희 대통령이 걱정스러운 표정으로 물었다.

"어떻소? 듣자 하니 중동은 비가 오지 않아서 건설 공사를 하기 힘들다던데."

"아닙니다. 중동은 세상에서 건설 공사를 하기에 가장 좋은 지역입니다. 일 년 열두 달 비가 오지 않으니 일 년 내내 공사를 할 수 있으니까요. 그러면 공사 기간이 확 줄어들게 됩니다."

박정희 대통령이 또 물었다.

"주변이 온통 모래사막이라 공사하기 힘들지 않겠소?"

"건설 공사를 하려면 모래와 자갈이 꼭 필요합니다. 그런데 중동은 모래와 자갈이 지천에 깔려 있으니 멀리서 가져올 필요가 없습니다. 바로 옆에서 가져다 쓰면 되거든요."

"물이 부족해서 공사에 어려움을 겪진 않겠소?"

"유조선에 물을 싣고 가서 석유를 실어 오면 되지요."

박정희 대통령은 그래도 안심이 되지 않는 듯 한 번 더 물었다.

"50도를 훌쩍 넘는 더위 속에서 과연 건설 공사가 제대로 진행될 수 있겠소?"

정주영 회장은 자신만만하게 대답했다.

"낮에는 천막을 치고 자고, 밤에 일어나서 일하면 됩니다."

그러자 박정희 대통령은 고개를 한 번 크게 끄덕이고는 정주영 회장에게 부탁했다.

"알았소. 현대건설이 중동에 진출하는 데 필요한 것이 있다면 아낌없이 지원하겠소. 부디 잘 부탁하오!"

과연 정주영 회장은 박정희 대통령에게 말한 대로 중동에 진출하여 건설 공사를 성공리에 수행했다. 무려 30만 명에 달하는 수많은 한국 근로자들이 중동 길에 올랐고, 정주영 회장의 말처럼 낮에는 천막 안에서 눈을 붙이고 밤에는 횃불을 들고 쉼 없이 일했다. 당시 한국인 근로자들이 어찌나 성실하게 일했는지 밤마다 공사 소리가 사막의 하늘에 울려 퍼졌고 수많은 횃불이 사막의 밤을 환하게 밝혔다고 한다. 그리고 실제로 세계 그 어느 나라도 엄두를 내지 못하던 불모지에 인프라를 건설하는 데 성공했다.

만약 정주영 회장이 박정희 대통령의 이야기를 부정적으로 받아들였다면 어땠을까? 다른 나라처럼 중동 진출에 비관적으로 일관했더라면? 한국인 특유의 근면성실함으로 세계를 깜짝 놀라게 할 수도, 막대한 오일달러를 벌어들임으로써 어마어마한 국부 창출을 할 수도 없었을 것이다. "하면 된다!"라는 정주영 회장의 낙관주의적 뚝심이 현대건설의 중동 진출 성공과 한국경제의 성장이라는 값진 성과를 거둔 것이다.

구글을
벤치마킹하라

구글의 성공 신화, 그 비결[35]

현재 세계 최대의 인터넷 검색 사이트를 운영하는 기업은 어디일까? 바로 구글Google이다. 구글은 래리 페이지Larry Page와 세르게이 브린Sergey Brin이 공동으로 개발한 페이지랭크PageRank 기술을 바탕으로 1998년에 설립되었다. 페이지랭크는 중요한 사이트일수록 더 많은 사이트로부터 링크가 연결된다는 점에서 착안한 기술이다. 그래서 페이지랭크 기술을 이용하여 사이트의 중요도를 그 사이트에 연결되는 링크에 따라 결정짓는 검색 기능이 구글의 핵심 서비스다.

구글은 "전 세계의 정보를 조직화하고, 그것에 자유롭

게 접근하고 유용하게 쓸 수 있도록 만드는 것"이라는 믿음을 기초로, 간결하면서도 신속한 검색 서비스를 제공하는 것을 최우선 순위로 두었다. 흔한 배너 광고, 잡다한 콘텐츠 하나 없이 검색의 객관성과 신뢰성을 높이는 데 힘썼다.

그 결과, 구글은 전 세계 인터넷 사용자들의 마음을 강하게 사로잡았고, 곧 야후, MSN 등 쟁쟁한 선두업체들을 따돌리며 인터넷 시대의 맹주로 떠올랐다. 현재 구글의 기업가치는 시가총액과 시장점유율 모두 세계 최고의 수준을 자랑한다. 시가총액은 약 1,500억 달러(한화 약 150조 원), 미국 검색 시장점유율 39%로 1위다. 그 뒤를 야후가 29%, MSN이 15%의 점유율을 보이며 따라가고 있다.

지금의 구글은 세계 최강 웹검색 서비스 기업으로서 위상을 떨치고 있지만, 그 시작도 과연 거창했을까? 아니다. 구글은 아주 작은 차고에서 시작되었다. 구글의 공동 설립자 래리 페이지와 세르게이 브린은 스탠포드대학교 박사 과정에서 만났다. 두 사람은 검색 엔진 연구에 뜻을 두고 있었고, 서로 마음이 잘 맞았다. 곧 의기투합할 수 있었고, 친구의 작은 차고를 빌려 함께 검색 엔진 기술 개발에 매달렸다. 친구에게 빌린 작은 차고에서 래리 페이지와 세르게

이 브린이 개발한 독자적인 기술, 그것이 바로 훗날 인터넷 검색 판도를 뒤흔든 구글의 시작인 것이다.

이처럼 새로운 분야에 도전해 큰 성취를 이루며 세계 시장에 우뚝 선 대기업의 시작은 예상 외로 작고 열악한 경우가 많다. 하지만 미지의 세계에 거침없이 덤벼드는 모험심과 열정, 실패를 두려워하지 않는 용기, 끝까지 도전하여 자신의 신념을 이루려는 끈기와 의지로 무장한 기업가는 영세한 규모와 열악한 환경에 구애받지 않고 자신만의 비전을 펼쳐나간다. 이것이 바로 기업가정신이다.

구글 역시 강한 기업가정신이 있었기에 작은 차고 안의 공동 연구실을 세계 최고의 공룡 기업으로 탈바꿈시키고 새로운 시대의 패러다임을 구축할 수 있었던 것이다.

지금도 구글은 과거 마이크로소프트Microsoft가 컴퓨터의 표준을 만들었던 것이나 애플이 스마트폰의 기준을 세웠던 것처럼 새로운 비즈니스를 향해 거침없는 행보를 보이며 전 세계 수많은 기업들의 롤모델이 되고 있다. 특히 구글의 성공 신화를 연구하는 전문가들은 구글이 성공할 수 있었던 비결로 '선택과 집중'을 꼽는다.

최근 구글의 CEO 에릭 슈미트Eric Schmidt는 경제잡지

《비즈니스 2.0Business 2.0》과의 인터뷰에서 "시간의 70%를 핵심 산업에 쓰고 20%는 관련 사업, 10%는 관련이 없는 신규 사업에 쓴다"고 구글만의 경영 황금률을 말하기도 했다. 이것이 구글의 '70:20:10 법칙'이다.

70:20:10 법칙

쉽게 말해, 시간과 예산의 70%는 구글의 핵심 사업 분야 연구에 투자하고, 20%는 핵심 사업 분야를 보조할 수 있는 관련 사업 분야에 투자한다. 구글의 핵심 사업 분야는 단연 검색과 웹 광고다. 그리고 구글 뉴스Google News와 구글 어스Google Earth, 구글 로컬Google Local 등은 핵심 사업 분야를 서포트하거나 연관이 있는 관련 사업 분야에 해당된다. 그렇다면 나머지 10%는? 핵심 기술과 전혀 상관없는, 다소 엉뚱하지만 새롭고 흥미로운 분야를 자유롭게 연구할 수 있는 데에 투자한다. 전체 역량의 10%만을 투자하므로 실패한다고 해도 부담이 크지 않다. 하지만 성공했을 때에는 그야말로 대박을 터트릴 수 있다. 새로운 미래 수익모

델을 창출함으로써 지속가능한 성장 동력을 확보할 수 있기 때문이다. 실제로 구글은 10% 투자로 구글의 와이파이 WIFI나 오프라인 광고, 구글 토크Google Talk 등 인기 서비스를 개발해냈다.

구글은 70:20:10 법칙으로 현재의 핵심 사업과 미래의 성장 사업에 적절히 자금을 배분하며 현재 세계에서 가장 빠르게 성장하고 있는 대기업으로 거듭났다.[36] 이와 같은 구글의 성공 신화는 우리 젊은이들과 기업에게도 귀감이 될 수 있다. 세계 일류 기업이 되는 가장 쉽고도 효과적인 방법은 그 분야에서 가장 뛰어난 성과를 낸 최고 기업의 강점을 벤치마킹하는 것이다. 마땅히 본받을 만한 기업의 문화와 비전, 구체적인 실행 방식을 벤치마킹하면, 자신의 분야에 맞게 적용하고 실천하는 과정에서 기업의 경쟁력이 높아지고, 성장 속도가 빨라진다. 그런 맥락에서 구글은 우리 기업과 기업가들에게 분명 아주 훌륭한 글로벌 롤모델이다.

열정으로
고수가 되자

어느 분야에서든 고수가 되자

한 남자가 탁자 위에 놓인 100달러 지폐 두 장 중 한 장을 주저 없이 집어 들었다.

"이쪽이 위조지폐임에 틀림없습니다. 진짜에는 변치 않는 느낌이 있어요. 반면에 가짜는 보는 순간 어색하지요."

남자는 일반인의 눈에는 모두 똑같아 보이는 지폐 가운데 위조지폐를 정확하게 구별해냈다. 심지어 두 지폐는 냄새까지 동일했다. 정말 귀신같은 솜씨였다.

마치 소설이나 영화에서나 나올 법한 이야기의 주인공은 바로 우리나라 최고의 위폐 감별 전문가 서태석 씨다. 서태석 씨가 위폐를 감별하는 방법은 단순히 '촉'에 의지한

감이 아니다. 서태석 씨는 진짜 지폐와 위조지폐 간 미세한 차이가 눈에 보인다고 한다. 선뜻 믿기 힘든 이야기지만, 사실 서태석 씨의 독보적인 위폐 감별 능력은 하루아침에 얻어진 것이 아니다.

서태석 씨는 무려 40년 동안 외환은행에서 해외 지폐를 다루며 홀로 위폐 감별법을 익혔다. 여러 국가의 화폐와 위조지폐의 차이점을 데이터베이스로 만들었다. 새로운 화폐가 발행되면 바로 입수해 위조 방지를 위한 비밀을 찾아내고 정리한다. 수십 년에 걸친 꾸준한 노력이 바로 오늘날 서태석 씨를 국내뿐 아니라 세계 최고 수준의 위폐 감별사로 만든 비결이다.

서태석 씨가 위폐 감별사가 된 계기는 '카투사'였다. 어린 시절, 딱히 공부에 관심이 없던 서태석 씨는 중학교조차 졸업하지 않은 채 사회에 나왔다. 그러다 미군 부대에서 경리 담당을 하며 달러를 보게 되면서 위폐 감별사로서의 첫발을 내딛었다. 서태석 씨가 경리 담당 업무 중에 미군 병사가 내민 위조지폐를 상부에 보고했는데, 그 일이 인연이 되어 서태석 씨를 신임하게 된 경리 장교가 당시 자신이 알고 있던 위폐 감별법을 상세하게 알려준 것이다.

제대 후, 학력이 문제가 되어 제대로 취업을 하지 못했던 서태석 씨는 어렵사리 외환은행의 비정규직으로 들어가게 되었다. 그때부터 위폐 감별사로서 서태석 씨의 지독한 노력이 시작되었다. 낮은 학력 탓에 동료들로부터 견디기 힘든 인간적인 모욕을 당하면서도, 달러 위폐 감별의 비밀을 알고 있는 사람은 자신뿐이라는 자부심 하나로 버텼다. 외국 화폐 정보도 남들보다 더 빨리, 더 많이 수집해서 공부했다. 설령 아무도 알아주지 않는다고 해도 서태석 씨는 묵묵히 자신만의 위폐 감별 노하우를 꾸준히 업데이트하며 꿋꿋하게 때를 기다렸다.

그러다 1981년 겨울, 마침내 서태석 씨에게 기회가 찾아왔다. 미국 연방준비은행FRB, Federal Reserve Bank에서 가져온 200만 달러에 위폐가 섞여 있었던 것이다. 당시 200만 달러는 자루당 40만 달러씩 총 5자루에 담겨왔는데, 그 가운데 한 자루가 미세하게 가벼웠다고 한다.

그때까지만 해도 서태석 씨는 정식 행원이 아니었기에 쉽사리 자신의 의견을 말할 수 없었다. 하지만 용기를 내어 위폐의 가능성을 알렸고, 실제로 위폐가 발견되면서 서태석 씨의 위폐 감별 능력이 공식적으로 인정받게 되었다. 그

다음부터 서태석 씨의 인생이 일사천리로 풀려나간 것은 두말할 필요도 없다.

서태석 씨의 독보적인 위폐 감별 능력은 서태석 씨에게 흔들리지 않는 입지를 선사했다. 서태석 씨를 무시하던 고학력 행원들이 외환위기 당시 줄줄이 명예퇴직을 할 때에도, 외환은행의 사정이 어려워 대규모 구조조정이 있을 때에도, 서태석 씨는 실직이 아니라 더 많은 연봉을 받으며 승승장구했다. 외국 화폐와 각종 채권에 이르기까지 진위 판별에 있어 세계 최고 수준의 고수인 서태석 씨를 어찌 내칠 수 있단 말인가.

이처럼 어느 분야에서든 고수가 된다면 성공의 열쇠를 거머쥔 셈이나 마찬가지다. 성공의 필수 조건은 고학력도, 화려한 스펙도 아니다. 자신의 분야에서 독보적인 능력을 갖춘 고수가 되는 것이 진정한 성공의 조건이다. 물론 아무나 고수가 되지는 못한다. 자신의 분야에서 최고가 되겠다는 목표의식을 갖고, 하루하루 자신을 단련하는 피땀 어린 노력이 뒷받침되어야 한다. 그 과정은 결코 쉽지도, 짧지도 않다. 하지만 남들의 이목이나 주위 평가에 상관없이 스스로를 믿고 꿋꿋하게 매진한다면 분명 누구나 고수가 될 수 있다. 어떤 분야에서든 모두가 만장일치로 인정하는 고수가 된다면 부와 명예, 즉 성공은 저절로 따라온다.

성공? 꿈과 열정으로 도전하라[37]

개발도상국 수준에 머물던 과거에 비하면 지금은 물질적으로 풍요로워지고 생활환경도 많이 개선되었다. 하지만 기업가정신은 오히려 쇠퇴하고 있다며 걱정하는 이들이 많다. 과거와는 달리 모험을 감수하는 투자가 줄어 둘었다고 한다. 아무것도 하지 않으면서 일할 의지도 없는 청년백수, 이른바 '니트족NEET, Not in Education, Employment, or Traing'이 100만 명을 넘어선 것도 청년층의 기업가정신이 약하기 때문이라고 한다.[38]

요즘 젊은 세대 즉, 청년층은 직장 구하기가 어렵다 보니 남들보다 더 나은 조건을 찾으려고 노력하는 경향이 있다. 소위 '스펙 쌓기'에 열중한다. 특히 학력은 절대적인 스펙으로 취급받는다. 그러나 과연 학력이 성공의 가장 큰 요인일까? 그렇지 않다. 대부분 기업 인력채용 담당자들은 학력보다 다른 부분을 더 중요시한다고 말한다. 아예 학력을 보지 않는 경우도 있다.

안타깝게도 우리나라 사람들은 대개 어느 대학에 입학하느냐가 인생의 향방과 성공 여부를 결정짓는다고 착각하는 경우가 많다. 하지만 단순히 학력이 높다고 성공하거나 남들보다 더 나은 삶을 사는 것은 아니다. 대학 졸업장이 없다고 성공할 기회조차 갖지 못하는 것도 아니다. 세상에는 자신만의 목표를 세우고, 꿈을 이루기 위해 치열하게 살아온 영웅들이 많다. 그들은 학력보다는 꿈과 열정이 얼마나 중요한지를 보여준다.

투자의 살아 있는 전설로 통하는 워런 버핏Warren Buffett의 이야기를 들어보자. 워런 버핏은 11세에 아르바이트로 모은 돈 100달러로 주식 투자를 시작하고, 14세에 신문 배달을 하면서 일찌감치 사업가적 면모를 보였다. 자신의 배달 구역을 연구해 가장 빨리 신문을 배달할 수 있는 지름길을 개발했던 것이다. 그리고 신입사원에 해당하는 연봉을 받았다. 당시 워런 버핏이 배달한 신문은《워싱턴 포스트The Washington Post》였다. 이후 30여 년이 지나 워런 버핏은 워싱턴 포스트의 대표이사로 취임하며 살아 있는 성공 신

화를 썼다.

버핏의 성공에 학력이 얼마나 큰 비중을 차지한다고 생각하는가? 버핏은 학교 공부보다 자신이 하고 싶은 일에 열정을 쏟았다. 지식이 투자의 핵심이라고 믿었기에 일과 중 3분의 1을 투자 관련 자료와 책과 신문을 읽는 데 할애했다. 자신이 하고 싶은 일, 목표로 삼은 일을 더욱더 잘하기 위한 최선의 노력을 선택한 것이다. 이는 엄연히 단순한 스펙 쌓기로서의 학업도, 취직을 위한 간판 따기도 아니었다. 자신이 하고 싶은 일과 꿈을 향한 열정 그리고 끊임없는 노력이 워런 버핏의 성공 비결이다. 버핏은 스스로 노력해서 자신만의 투자 이론을 만들고, 자신이 세운 투자 원칙을 지켰기에 세계적인 성공을 거두며 최고의 부자가 될 수 있었다.

워런 버핏은 지금 당장의 생계를 위해 또는 하기 싫은 일을 억지로 하는 사람들에게 다음과 같이 충고한다.

"당신이 정말로 사랑하는 일을 하십시오. 아침에 저절로 눈이 떠질 것입니다."

버핏은 학력을 비롯한 스펙이 성공의 절대 요인이 아니라는 사실을 누구보다 잘 알고 있었다. 그렇기에 자신의 후계자를 뽑기 위한 공고에 학력이나 경력 제한을 두지 않았다.

롯데그룹을 만든 신격호 회장 역시 꿈과 열정으로 성공을 이뤄낸 인물이다. 신격호 회장은 19세의 어린 나이로 혈혈단신 일본으로 건너가 우유 배달을 시작했다. 비가 오나 눈이 오나 배달시간을 정확히 지키며 성실히 일한 덕분에 고객들 사이에서 평판이 좋았다. 게다가 친절하고 성실하게 고객을 응대하다 보니 신격호 회장을 믿고 주문하는 사람들이 나날이 늘었다. 곧 혼자서는 모든 주문을 감당하기 어려워 아르바이트생을 쓰게 되었고, 사업은 날로 번창했다. 신격호 회장은 우유 배달 사업의 성공을 발판으로 훗날 『젊은 베르테르의 슬픔Die Leiden des jungen Werthers』의 여주인공 샤를 로테에서 이름을 따온 롯데그룹을 만들었다.

신격호 회장은 일본과 한국, 양국에서 국경을 넘어 도전하는 열정을 보인 기업가다. 사람을 대할 때에는 따뜻한 가슴으로 진정성을 보였고, 사업에 임할 때에는 확고한 비전과 불타는 열정으로 미래를 개척하고 성공을 일구었다.

비단 워런 버핏과 신격호 회장뿐만 아니라 우리 주변에는 열정과 노력으로 스펙의 격차를 이겨내고 높은 성과를 낸 사람들이 많다. 그들은 하나같이 남들보다 몇 배를 더 노력하고, 혼신의 힘을 다해 매진했다고 말한다.

갈구하고 갈망하라

이처럼 성공의 열쇠는 학력과 같은 스펙이 아니라, 꿈과 열정이다. 수많은 사람들과 경쟁해서 자신이 하고 싶은 일을 찾는 것도, 자신의 위치에서 한 단계씩 더 나은 성과를 내는 것도 꿈과 열정 없이는 불가능하다.

꿈과 열정! 이것이야말로 젊은 세대에게 반드시 필요한 기업가정신이다. 위기 속에서도 역경을 이겨낼 수 있는 꿈과 열정은 성공의 밑거름이자 가장 확실한 보증수표다. 세계적인 대기업 마이크로소프트와 애플 역시 그 시작은 열정적인 젊은이들이었다. 마이크로소프트의 창립자 빌 게이츠도, 애플의 창립자 스티브 잡스도 대학을 그만두고 자신이 정말 하고 싶은 일에 매달렸다. 꿈을 향해 열정적으로 노력했고, 탁월한 기업가정신으로 위기를 기회로 전환하며 IT 분야의 새 지평을 열었다. 그 결과가 바로 오늘날의 마이크로소프트와 애플이다.

이제는 고인이 된 스티브 잡스가 2005년 스탠포드대학교 졸업식에서 한 연설은 아직도 많은 이에게 회자된다. 그의 연설 중에서 가장 사랑받는 문구가 바로 "Stay hungry, Stay foolish!"이다.

계속 갈구하고 계속 무모하게 도전해나가라는 의미다. 이는 스티브 잡스의 살아생전 기업가정신과 일맥상통하며 수많은 젊은이에게 성공 가치관으로서 묵직한 울림을 주었다.

"Stay hungry, Stay foolish!", 지금 우리에게 필요한 것도 계속 갈구하고 무모해 보일 정도로 도전해나가는 강력한 기업가정신이다.

우리 모두는
기업가다

1인의 가치, 1인의 신화

'Queen Yuna'라는 호칭을 알고 있는가? 세계 피겨계의 판도를 뒤흔들고, 한국 피겨계의 역사를 새로 쓴 김연아를 향한 존경과 예찬을 담은 호칭이다. '천 년에 한 번 나오는 천재', '경이로운 스케이터'로 불리는 김연아는 2010년 벤쿠버 동계올림픽 금메달리스트, 세계 신기록 보유, 세계 최초의 그랜드슬램 달성 등 피겨 역사에 길이 남을 대기록을 연달아 세운 자타공인 피겨 퀸이다. 세계에서 가장 아름다운 피겨선수 10인 가운데 1위로 뽑히기도 했다.

김연아는 선수로서의 재능뿐만 아니라 스타성도 고루 갖추었다는 평을 듣는다. 단순히 인기 있는 스포츠 선수라는 타이틀을 넘어서서 피겨 주니어들의 우상이자 국가 브랜드가 되었다. 김연아의 일거수일투족이 뉴스가 되고, 김연아가 입는 옷과 먹는 음식이 인기상품이 된다. 김연아가 광고하는 상품은 두말할 것도 없다. 실제로 김연아가 가지는 브랜드 가치는 어마어마한데, 2010년 밴쿠버올림픽 이후 조사된 김연아 선수의 경제적 파급효과는 무려 5조 2,350억 원에 달했다. 밴쿠버 동계올림픽의 총 경제적 가치인 6조 495억 원의 약 87%에 해당하는 엄청난 가치이다.[39] 이쯤 되면 김연아 기업이라는 말이 무색하지 않을 정도다.

최근 들어 '1인'의 가치를 내세운 경제활동이 부쩍 늘었다. 국민 MC로 불리는 유재석은 자신을 곧 브랜드화시켜 1인 기획사를 운영하고 있다. 최장수 아이돌 그룹 신화 역시 그룹의 브랜드 가치를 살려 '신컴엔터테인먼트'라는 신화만의 전속 소속사를 운영하고 있다.

지식산업의 최전방에 있는 출판계는 또 어떤가? '1인 출판'

으로 시작하는 작은 출판사들이 크게 늘어났다. 출판사 대표 1인의 역량을 자산으로 삼아 의욕적으로 출판 사업을 전개해나갔다. 그중에는 1인 출판사로 시작해서 소형, 중형을 넘어 대형 출판사로 발돋움한 업체도 있다.

경기도 파주 헤이리 예술마을의 모티브가 된 영국의 유명 관광지 '헤이온와이Hay on Wye' 역시 한 개인의 열정에서 시작되었다. 헤이온와이는 리처드 부스Richard Booth가 1961년 영국 웨일스에 만든 헌책 마을이다. 해마다 관광객 수십만 명이 헤이온와이를 찾는다고 한다. 지금은 헤이온와이가 전 세계적인 유명 관광지이지만 부스가 헌책방 마을로 꾸미기 전까지만 해도 낡고 오래된 영국 마을들 가운데 하나에 지나지 않았다. 대체 부스는 헤이온와이에 어떤 마법을 부렸을까?

부스는 헤이온와이의 낡은 성과 건물을 구매한 뒤, 고서점을 입주시켰다. 그리고 유럽, 미국 등 세계 각지에서 헌책을 모았다. 그런데 시간이 지나면서 헌책방 주인과 도서 수집가들이 자연스럽게 헤이온와이에서 서점을 운영하기 시작했다. 그 결과가 바로 오늘날 '세계에서 가장 오래된 헌책 마을' 헤이온와이다. 헤이온와이는 1988년부터 지금까지 해마다 5월 말에서 6월 초에 문학 축제인 '헤이축제 Hay Festival'를 열고 있는데, 미리 숙박 예약을 하지 않으면 축제 기간 내내 빈 방이 없을 정도로 인기가 높다고 한다. 오죽하면 '영어를 사용하는 곳에서 열리는 가장 중요한 축제 중 하나'로 꼽혔겠는가.

새로운 가치를 찾아내라

국내에도 1인 기업의 신화를 찾을 수 있다. 국내 잉크 리필 업체인 '잉크가이'도 1인 기업이었다. 잉크가이의 최윤희 대표는 리필 잉크를 통한 비용 절감과 고객을 직접 찾아가는 서비스를 앞세워 사업을 시작했고, 사업의 확대와 함께 전국으로 퍼져 현재 800명이 넘는 1인 기업가를 키워냈다.

각종 알레르기의 원인이 되는 집 먼지, 진드기 등을 제거해 실내 환경을 쾌적하게 관리해주는 '닥스리빙클럽' 역시 80여 명의 무점포 1인 기업가를 배출했다. 잉크가이와 닥스리빙클럽은 창업자 1인의 창의적인 아이디어와 혁신으로 기업 브랜드 가치와 함께 수많은 1인 기업가를 키워내는 데 기여한 것이다.

자유주의 경제학자 하이에크Hayek는 "우리 모두는 기업가다"라고 말했다. 하이에크는 시장이란 주관적이고 제한된 지식을 평가하고, 새로운 지식을 발견할 수 있는 최상의 메커니즘, 즉 자생적질서Spontaneous Order라고 보았다. 따라서 하이에크에게 기업가란 시장의 암묵적인 지식을 경쟁을 통해 발견해내고, 소비자들에게 봉사해서 이윤을 얻는 사람이다. 기업가는 위험을 부담해가면서 자신의 계획과 어긋나는 결과를 발견하고 자신의 행동을 수정한다. 그리고 예측할 수 없는 결과를 가지고 얻을 수 있는 성과를 믿도록 하는 것이 기업가정신과 시장경제의 핵심이다.[40]

기업가들은 남에게 지나치게 의존하지도 않으며 남을 탓하는 데 시간을 낭비하지도 않는다. 그들은 스스로 결정하고 스스로 책임을 진다. 새로운 기회가 왔을 때 그것을 신속하게 포착하고 정확하게 판단하며 과감하게 행동으로 실천한다. 그들은 자신의 생계뿐만 아니라 새로운 '사업Business'을 일으켜 다른 사람들에게 '일자리Job'를 제공하고, 인류의 삶을 개선하는 제품과 서비스를 통해 소비자들을 만족시켜 '부'를 얻는다. 부와 명예는 그들에게 강한 동기부여를 제공한다. 기업가는 '경쟁'을 통해 성장하며, '혁신'이 가장 중요한 관심사다.[41]

여기서 혁신의 크기는 결코 중요하지 않다. 작은 것처럼 보이는 내 작은 변화가 어떤 사회적 변화를 불러올지 그 누구도 결과를 예측할 수는 없다. 현재도 자신의 자리에서 열정을 쏟아내고 있는 이들이 있어 세상은 변화하고 발전한다. 우리 모두는 세상을 변화시키고 있는 1인의 가치 창조자이자 기업가이다.

당신이
브랜드다

내 이름을 내걸어라[42]

사람들은 누구나 성공한 사람들을 부러워하며 자신도 성공하기를 꿈꾼다. 일찌감치 자신이 이루고 싶은 목표를 정해 노력하는 사람도 있고, 자신이 진정 원하는 것이 무엇인지 오랜 방황 속에서 찾아내는 사람도 있다. 궁극적으로 뭔가를 이루려는 인생의 목표는 누구에게나 있게 마련이다. 이를 실천해내려는 의지가 사람마다 다르겠지만, 성공하고 싶은 마음이 크기는 마찬가지다. 이러한 마음을 대변하듯 시중에는 성공을 주제로 한 책들이 끊임없이 출시되고 있고, 베스트셀러가 되는 일도 다반사다. 성공하는 방법이 따로 정해져 있는 것은 아니지만, 이미 성공한 사람들의 이야기와 노하우를 듣고 싶어 하는 독자들이 많다는 것은 분명하다. 타인의 성공 경험을 간접 체험하는 것도 성공하기 위한 좋은 전략이다.

우리 사회에서 성공은 남을 이롭게 한 크기와 같다. 비즈니스 세계에서는 많이 팔리는 제품, 평판이 높은 제품을 많이 갖고 있는 기업이 바로 성공한 기업이다. 제품이 많이 팔린다는 것은 소비자에게 그만한 가치가 있고, 소비자를 이롭게 한다는 말과 같다. 성공의 결과가 브랜드의 가치고 이윤이다. 많은 기업들이 자사의 제품을 브랜드화하기 위해 많은 시간과 노력을 쏟아 붓는 이유다. 사람들이 신뢰하는 상품, 많은 소비자가 구입하는 브랜드는 그만큼 믿을 만하다는 뜻이기도 하며, 브랜드의 신뢰성 때문에 사람들이 안심하고 계속 구입하게 된다. 실제로 베스트셀러 상품은 대부분 품질이 좋으면서 가격도 싼 제품들이다.

"호랑이는 죽어서 가죽을 남기고 사람은 죽어서 이름을 남긴다"는 말이 있다. 이를 현대적 비즈니스 개념으로 다시 고쳐보면, 자기 자신의 이름을 높여 브랜드로 키우라는 말이 된다. 당신의 이름이 바로 브랜드가 되는 시대이다. 사람들로부터 믿음의 대상으로 자기 자신을 가꿔 나간다면, 언젠가 당신의 이름도 브랜드로 자리 잡을 것이다.

성공하는 사람이 되려면 일단 성공의 의미를 다시 되 짚어볼 필요가 있다. 개인마다 성공의 기준은 다르지만 결 국엔 자신의 가치를 높이는 것이 성공이라는 점을 깨닫게 된다. 애플의 전 CEO인 스티브 잡스의 사임과 사망 소식이 전해지면서 애플의 주가는 요동쳤다. 애플의 골수 팬들에 게는 스티브 잡스 자체가 브랜드였기 때문이다.

스티브 잡스가 처음부터 영향력 있는 CEO이었던 것은 아니다. 심지어 본인이 설립한 회사에서 쫓겨난 적도 있었 다. 그러나 그는 창의적인 발상과 혁신적 노력으로 사람들 의 믿음을 다시 찾을 수 있었고, 결국은 애플의 최고 경영 자로서 인류가 기억할 만한 상품을 만들어냈다. 기업가정 신으로 스스로 혁신을 추구하는 순간, 세계에서 손꼽히는 기업가가 되는 것이다.

우리 사회에도 성공한 사람들이 많다. 스포츠계에는 김연아, 박지성, 박찬호, 박세리 등 세계적인 스타 선수들 이 있고, 기업계에도 이건희, 정몽구 회장 등 세계가 주목 하는 리더들이 있다. 이들 모두가 스스로의 가치를 드높인 기업가다. 분야만 다를 뿐, 이들은 모두 꿈과 열정의 화신이다. 자신의 이름을 걸고 목표를 향해 치열하게 나아간 영웅들이다. 이들이 자신의 꿈을 이루는 과정에서 적당히 타협하는 자세를 보였다면 오늘날의 성공은 그 누구도 장담할 수 없었을 것이다.

스스로 혁신하라

성공한 이들에게 열정은 꿈을 이루게 하는 에너지이자 자신을 브랜드로 만드는 원동력이 된다. 어떤 일을 하든지 당신의 열정이 사람들에게 전달될 정도로 최선을 다한다면 이루지 못할 일이 없다는 것을 잘 보여준다.

자신은 '일반인'이기 때문에 사회적 성공을 거둔 사람들과 다르다고 핑계를 대는 이도 있을 것이다. 하지만 어떤 위치와 상황에서도 우리 모두는 기업가이며 크고 작은 혁신을 만들어 내야 하는 주체임을 잊지 말아야 한다. 자신이 회사원이라면, 회의시간에 자신이 어떤 취급을 받는지를 냉정하게 생각해보라. 없어도 그만인 사람인지, 꼭 있어야 되는 사람인지. 자신의 모습이 남들에게 어떻게 보이는

지가 지금 자신이 가진 브랜드의 가치다. 만약 타인으로부터 신용과 믿음의 대상으로 간주된다면, 당신은 이미 성공의 길을 가고 있는 것이다.

장인정신이라는 말이 있다. 어느 한 분야에서 최고의 기술을 갖고 인정받는 사람들이다. 그들은 자신의 이름에 부끄럽지 않은 자신만의 제품을 만드는 것을 자부심으로 갖고 있다. 이들은 최고의 제품을 만드는 것을 책임감으로 느끼며, 제품에 자신의 이름을 새겨 넣어야 직성이 풀리는 사람들이다. 성공의 길로 가려면, 자신이 잘할 수 있는 분야, 평생 애정과 흥미를 갖고 매진할 수 있는 분야를 선택하는 것이 좋다. 단순히 돈을 벌 수 있고, 성공할 수 있다는 생각만으로는 성공으로 향한 열정이 샘솟지도 않으며 돈도 벌 수 없기 때문이다.[43]

세상은 빠르게 변하고 있고 더 많은 혁신이 일어나고 있다. 자신이 하는 일에서 혁신을 만들어내려면, 자신의 경쟁력을 높여야 한다. 스스로 경쟁력을 갖춰가다 보면 어느 순간 자신의 이름이 브랜드가 되어 있음을 느낄 수 있을 것이다. 자신이 브랜드가 되는 순간 당신은 성공한 기업가로 우뚝 서게 된다.

주 석

제1장 세상을 움직이는 힘, 기업가정신

1 "부(富)의 역사" 최승노, 《뉴데일리》, 2014
  http://www.newdaily.co.kr/news/article.html?no=228046

2 『라틴아메리카역사 다이제스트 100』 이강혁 저, 가람기획, 2008

3 "레인메이커가 등장하려면", 《한국일보》
  http://www.hankookilbo.com/v/39508521dde84cdab116b2652e4111d7

4 "지식은 '직장인'을, 인문학은 '대가'를 만든다", 《한국경제매거진》
  http://magazine.hankyung.com/business/apps/news?popup=0&nid=-
  01&c1=1006&nkey=2011090700823000321&mode=sub_view

5 『그린스펀 효과』 데이비드 시실리아 저, 정순원 역, 21세기북스, 2000

6 『아틀라스』 아인랜드 저, 정명진 역, 민음사, 2003

7 "대한민국 기업가열전" 김정호, 자유와창의교육원

8 『기업가정신』 한국경제연구원, "창조경제 성공의 핵심조건", p34

9 "기업가정신과 혁신", Keri칼럼, 한국경제연구원
  http://www.keri.org/web/www/issue_04

10 『흐름으로 읽는 자본주의의 역사』 안재욱 저, 프리이코노미북스, 2015

도전과 변화의 중심에 기업가가 있다

11 『정주영 이봐, 해봤어?』 박정웅 저, 프리이코노미북스, 2015

12 『세계 경제를 바꾼 사건들 50』 안재욱 외 저, 북앤피플, 2015

13 "우리 언제 다시 이런 영웅을 만날까?", KERI 칼럼, 한국경제연구원
http://www.keri.org/web/www/issue_04?p_p_id=EXT_BBS&p_p_life-
cycle=0&p_p_state=normal&p_p_mode=view&_EXT_BBS_struts_action-
=%2Fext%2Fbbs%2Fview_message&_EXT_BBS_messageId=151014

14 『미래사회를 이끌어 가는 기업가정신』 피터 드러커 저, 이재국 역,
한국경제신문, 2004

제3장 기업가는 자산이다

15 "다시 돌아온 구조조정의 시대" 최승노,《월간조선》, 2009년 3월호
http://monthly.chosun.com/client/news/viw.asp?ctcd=B&nNew-
sNumb=200903100045

16 『기업가정신』 한국경제연구원, "기업가정신의 어제와 오늘" p40

17 『블라디보스토크의 해운대행 버스』 김정호 저, 교보문고, "아! 박정희"
p53~55

18 『장하준이 말하지 않은 23가지』 송원근·강성원 저, 북오션, 2011, "가난한
나라 사람들은 기업가정신이 부족하다", p174~p181

19 『이기적 유전자』 리처드 도킨스 저, 홍영남 역, 율유문화사, 2010

20 "직장에서 성공하기" 최승노,《틴 매일경제》, 2012

21 『개인이라 불리는 기적』 박성현 저, 들녘, 2011

22 『기업가정신』 한국경제연구원, "창조경제 성공의 핵심조건", p188

23 『기업가정신』 한국경제연구원, "창조경제 성공의 핵심조건", p236

24 『일자리 창출과 청년창업 활성화 세미나 자료집』 한정화 저, 2012

25 http://navercast.naver.com/contents.nhn?rid=27&contents_id=427
"내 안의 열등감과 만나는 방법" http://social.lge.co.kr/lg_story/the_blog/
people/inferiority-feeling/

26 "리더십이 핵심 경쟁력" 최승노,《틴 매일경제》, 2012

기업가정신 없이는 대한민국의 미래도 없다

27 "삼성 오너십을 흔들지 마라" 최승노, 《뉴데일리》, 2014
http://www.newdaily.co.kr/news/article.html?no=214831

28 『기업가정신』 한국경제연구원, "오너와 기업가정신", p67

29 "호텔롯데 0.55% 지분에도 '경영권 프리미엄'?", 《더벨(the bell)》
http://www.thebell.co.kr/front/free/contents/news/article_view.asp?key=201403270100043610002655

30 『기업상속과세제도의 문제점과 개선 방안』 안종범 저, 전국경제인연합회, p90

31 『기업상속과세제도의 문제점과 개선 방안』 안종범 저, 전국경제인연합회, p4

32 "정의롭지 못한 상속세, 폐지해야 마땅하다", 최승노 칼럼, 2006

33 『기업가정신』 한국경제연구원, "기업가정신과 사회경제 생태계", p56

34 『기업』 김영용 저, 프리이코노미스쿨, 2014

 당신이 브랜드다

35 "구글 신화 바탕엔 70:20:10 법칙", 《조선일보》
http://www.chosun.com/economy/news/200511/200511300360.html
『정보자본』 백욱인 저, 커뮤니케이션북스, 2013
『출판기획물의 세계사』 부길만 저, 커뮤니케이션북스, 2013

36 『세상을 움직이는 100가지 법칙』 이영직 저, 스마트비즈니스, 2009

37 "성공하려면 꿈과 열정으로 무한도전하라", 최승노 칼럼
http://csno.cfe.org/94

38 『기업가정신』 한국경제연구원, "창조경제 성공의 핵심조건", p46

39 "김연아, CF도 기부도 '퀸'", 《파이낸셜뉴스》
http://www.fnnews.com/news/201407071702476101

40 " 주관주의, 하이에크의 The Sensory Order" 박정렬 칼럼, 자유경제원
http://www.cfe.org/20141230_135114

41 "내 삶 속의 시장경제" 정재청 칼럼, 자유경제원
http://www.cfe.org/20140527_132676

42 "당신의 이름이 브랜드" 최승노 칼럼
http://blog.naver.com/freethekorea/20144055747

43 『나는 왜 자유주의자가 되었나』 복거일 저, FKI미디어, 2013

스토리 시장경제
❾

기업가로
다시 태어나기